社会建构论译丛

上海文化发展基金会图书出版专项基金资助项目
焦点科技股份有限公司"优势教育"项目

杨莉萍　[美]肯尼思·J.格根　主编

Appreciative Inquiry:

A Positive Approach to

Building Cooperative Capacity

欣赏型探究：
一种建设合作能力的积极方式

[美] 弗兰克·约瑟夫·巴雷特　罗纳德·尤金·弗莱　著

张新平　译

上海教育出版社

图书在版编目（CIP）数据

欣赏型探究：一种建设合作能力的积极方式/(美)弗兰克·约瑟夫·巴雷特,(美)罗纳德·尤金·弗莱著；张新平译.
—上海：上海教育出版社，2017.9（2023.11重印）
（社会建构论译丛）
ISBN 978-7-5444-6240-2

Ⅰ.①欣… Ⅱ.①弗…②罗…③张… Ⅲ.①社会学－研究 Ⅳ.①C91

中国版本图书馆CIP数据核字(2017)第237897号

策划编辑　谢冬华
责任编辑　周　晟　王佳悦
书籍设计　陆　弦

Appreciative Inquiry: A Positive Approach to Building Cooperative Capacity
Frank Joseph Barrett　Ronald Eugene Fry
ISBN: 978-0-7880-2163-3
By Taos Institute Publications，Copyright © 2005, www.taosinstitute.net
All Rights reserved. This translation published under license.
上海市版权局著作权合同登记号 图字 09-2012-438 号

社会建构论译丛
杨莉萍　[美]肯尼思·J.格根　主编

欣赏型探究
——一种建设合作能力的积极方式

[美] 弗兰克·约瑟夫·巴雷特　　著
[美] 罗纳德·尤金·弗莱

张新平　译

出版发行	上海教育出版社有限公司
官　　网	www.seph.com.cn
地　　址	上海市闵行区号景路159弄C座
邮　　编	201101
印　　刷	上海中华印刷有限公司
开　　本	890×1240　1/32　印张 4.75　插页 6
版　　次	2017年9月第1版
印　　次	2023年11月第3次印刷
印　　数	4,001-6,000 本
书　　号	ISBN 978-7-5444-6240-2/C·0010
定　　价	39.00 元

如发现质量问题，读者可向本社调换　　电话：021-64373213

Editors' Preface　　　译丛总序 I

  能够同中国的研究者、学生和实践者分享有关这套丛书的想法,我深感荣幸和快乐。感谢上海教育出版社提供这个机会。在过去三十多年的时间里,我一直致力于有关知识的性质、真理、客观现实和理性的深远对话。这些对话质疑所有为长期受推崇的传统理念辩护或提供基础的那样一类尝试。对话产生于不同族群长期争斗而充满血腥味的人类历史,人们纷纷主张自己对知识、真理、客观现实和理性的话语权。因为,承认某一种现实、理性和道德,意味着不赞成这种观点的那些人被踢出局;声称某些人在这些方面具有优越性,意味着其他声音被定义为低劣。一部血雨腥风的人类史几乎就是由对真实、理性和道德的不同信念与分歧写就的。对话的重要成果之一便是这样一种意识的扩展,即我们的信念是由处于不同历史时期、不同文化背景下的组织内部发展出来的。换句话说,我们关于真理、客观现实和理性的信念是在社会中被建构出来的。除此之外,再无别的基础。正是这种认识促使人们开始尝试从过去各种对真理的诉求中解放出来。事实上,一切被我们视为真理、事实和正确的东西都具有可选择性,都可以是另外一种样子。更重要的是,这种建构的意识促使人们广泛探索,共同开发创造未来的潜能。"共同"这个词非常重要,我们在此所说的并不是个体的而是在社会中被创造出来的现实。

这样的对话在世界范围内蔓延。这不再是"西方价值向世界其他区域的传播",而是到处都面临着同样紧迫的难题,即怎样才能在这样一个充满分歧的世界中顺利前行。当代科学技术让世界大大缩小,我们发觉自己越来越多地需要面对那些信守与我们不一样的现实、理性和价值的人。这些分歧不仅导致个体对"异己者"产生冷漠,而且是滋生仇恨和掳掠的温床。在这样一个任何个体都有能力创造出毁灭性武器的星球上,我们有可能要面对"所有人反对所有人"的未来。那么,至少我们应该了解建构了我们的信念的文化和历史根源,以及它们的优势和局限性。更进一步,我们必须找到弥合分歧的途径和办法。如果加上足够的创造性,我们甚至可以开展新的建设性的合作。

这场对话的全球性参与,部分是基于这样一个事实,即许多文化本身就包含或推崇某些与建构论相一致的传统。一个显著的例子便来自中国文化。我们发现,儒家、道家和佛家传统都可能丰富当代建构论的对话,它们都意识到关系和谐的重要性。当然,这并不意味着有关社会建构论的对话与这些传统完全相同,你甚至可以从中发现许多冲突,这一点都不奇怪。从建构论的立场看,重要的不是分辨谁真谁假,或评价谁对谁错,而是分享和成长。我们可以基于彼此的相似性,越来越多地领会我们之间的不同。基于任何一种分歧,我们都有可能发展出拓展行动潜能的可能性。在这种意义上,建构论的对话不服从任何个人,而是归属于所有的人。对话的目的不是要把建构论奉为新的真理,而是接受各种思想的涌现,但不再把它们视为自然规律,只是视它们为被建构出来的可能性。建构论并不是某种依据传统标准判断事物真假对错的信念系统,而是通过不断对话或以对话为工具,创造各种能够给我们带来惊喜的美好事物。

这样的结果如今发生在世界各地:从挪威对问题青少年的教育系统到巴西的平安社区建设,从加拿大小镇的管理到南非的调停努力,从澳大利亚新的治疗实践到阿拉伯联合酋长国妇女的职业化,等等。因此,对于我来说,能够参与有关建构论的中国对话,了解与当地文化和历史密切相关的建构论实践,是一件特别值得高兴的事。我在中国遇见许多研究者、学生和专业人士,他们为建构论的对话注入了新的活力,同时也发出了质疑的声音。他们有着自己特殊的关切、希望和价值,他们将来自中国文化传统的敏锐鉴赏力融入对话。通过与他们讨论,我看到激动人心的新的实践已经出现。所有这些都是加入全球共享的重要开端。就个人而言,我愿意充当这些富有启发性的发展的推进者。

与此同时,感谢上海教育出版社的朋友,是他们促成了这一重要的交流,将这套书由英文翻译成中文出版。我和莉萍教授一起工作,并得到她的和我的同事们的帮助。到目前为止,我们共选择了10部重要著作组成"社会建构论译丛"这一丛书,未来有可能再增添新的著作。对这些书的选择是出于几个方面的考虑,希望这些来自不同领域的著作能够向中国读者传达社会建构论的思想和理论观点,介绍某些符合建构论特点的重要研究形式,展现建构论思想的一系列实践成果。其中一些著作还反映出建构论思想如何引导新的写作方式。策划这套丛书的目的并不是为中国未来的工作提供模板或一系列行动指南,而是希望这套丛书能在中国引发更多的讨论、研究和实践。因为一旦建构论的思想和意象植根于这片肥沃的文化土壤,全人类都将受益于即将发生的观念创新。我热切地期盼着收获季节的到来。

肯尼思·J.格根
美国斯沃斯莫尔学院资深教授
陶斯研究院院长

Editors' Preface 译丛总序 Ⅱ

当前中国社会普遍存在的心理问题,一是心态不够积极,二是追求功利主义。一方面,各行各业的人,无论从事什么工作,大多缺乏由衷的热情,萎靡不振,因此缺少创新。在学校里,学生学习不是出于兴趣,教师教学也不是因为喜欢这个职业,大部分行政管理和后勤人员满足于维持现状。在组织中,同样很少有人把工作当成实现自我价值的手段。多数时候,人们缺乏幸福感,体验不到生活的乐趣和生命的意义。另一方面,对于很多人而言,生活中最重要的目标是追求个人名利,尤其是经济利益。当每个人都在为一己私利去拼、去抢、去战斗的时候,整个社会表现出来的便是人与人之间界限分明,缺少温情、善意、信任与友爱。家庭不稳定,医患关系紧张,经济和商业领域充斥着大量欺诈,老百姓热衷于将落马官员当成茶余饭后的谈资与消遣,等等。所有这些社会心理现象,都与欧洲文艺复兴和启蒙运动以来占主导地位的个体理性主义哲学,以及以此为典型特征的现代主义文化,存在深层次的因果关系。

作为一个有着悠久历史和古老文明的民族,我们的老祖宗倡导"人法地,地法天,天法道,道法自然",这当中蕴含着丰富的"天

欣赏型探究：一种建设合作能力的积极方式
Appreciative Inquiry: A Positive Approach to Building Cooperative Capacity

人合一"的系统论和生态学思想。然而，这些如今在西方被视为最先进的理念，在国内，其价值并未受到应有的重视。相反，自清朝末年开始的西学东渐，使得西方个体主义哲学不断移入，冲击了我们的传统文化，几乎成为社会主要的意识形态，这实在是令人遗憾的事。

1949年以后，中国以马克思主义为哲学宗旨，以建设社会主义强国为发展目标。集体主义作为社会主流价值，与西方个体主义的价值观形成对立。与个体主义相比，集体主义确实具有很多优势。时至今日，中国社会依靠集体力量创造了许许多多的壮举，为全世界所瞩目。但是，集体主义就其本质而言，不过是放大了的个体主义，仍旧存在很多弊端。各种小集团的利益、地方保护主义以及形形色色的群体和组织之间的竞争，破坏了组织内部和个体之间的团结，进而使得整个社会失去和谐与稳定，并最终失去活力。

社会建构论虽不能说是解决这些社会和心理问题唯一的理论纲领和实践模式，但至少为这些问题的解决提供了一套切实可行的理论框架和实践策略。作为一种看待世界和我们自己的全新方式，社会建构论既是一种理念，也是一种行动；既是一种思维方式，也是一种生活和行为方式。以1985年格根（Kenneth J. Gergen）先生发表《现代心理学中的社会建构论运动》一文作为社会建构论正式创立的时间，经过30年的发展，社会建构论已经由最初着力于批判或解构，发展到后来的进一步建构；由对理论、方法的研究发展到具体的实践，对于人的健康自我的重建、人际纠纷的解决、学校教育与各类组织的管理、各项社会政策的制定乃至国际政治关系的处理等，形成了一整套较为成熟的思想、理论、方法和实践体系。这套体系对于解决我国当前普遍存在的各类社会和心理问题，具有重要的应用或工具价值。

"社会建构论译丛"缘起于2011年夏天我对格根夫妇的访问。那段时间，我正在美国田纳西州范德堡大学做访问学者，由于长期研究社会建构论，与格根先生有过一些书信往来，他因此邀请我去斯沃斯莫尔他的家里做客，并最终于当年的8月17日至21日成行。访问期间，我向格根先生请教了有关社会建构论的诸多问题，也向他介绍了社会建构论在中国的发展情况。那次访谈的部分内容以英文发表在《心理学研究》(*Psychological Studies*)2012年第57卷，中文发表于《教育研究与实验》2012年第4期。正是在那次访问期间，我和格根先生达成共识，鉴于中国当前社会变革与发展过程中存在的诸多问题，有必要将社会建构论在中国的推广作为一项长期的事业。格根先生代表国际社会建构论研究中心陶斯研究院表示，对于我们在中国的事业给予无条件的支持和帮助，包括成立中国社会建构论研究中心，筹备社会建构论的中文网站，与有着同样志趣的学校、组织和机构开展合作，等等。与上海教育出版社合作的这套译丛，便是社会建构论在中国推广项目的一部分。

从格根先生最早于1973年发表《作为历史的社会心理学》，即社

欣赏型探究：一种建设合作能力的积极方式
Appreciative Inquiry: A Positive Approach to Building Cooperative Capacity

会建构论思想萌芽开始到现在，经过 40 多年的努力，社会建构论已经发展成为包括系统化的原理、多样化的方法和多领域的实践在内的不断丰富和完善的理论和应用体系。这套译丛意图全面反映社会建构论在理论、方法和实践三个层面的发展。入选书目都是社会建构论领域最新、最有价值、最具代表性的经典著作。其中，《社会建构：进入对话》《社会建构的邀请（第三版）》《关系性存在：超越自我与共同体》《赞美他者：人性的对话理论》和《性别与疾病的社会建构》主要介绍社会建构论的理论基础，《叙事分析：个体在社会中的发展研究》和《话语心理学》属于方法系列，《欣赏型探究：一种建设合作能力的积极方式》《映射对话：社会变革的重要工具》和《社会建构与社会工作实践：解释与创新》则反映了社会建构论在人际交往、组织管理、社会工作等实践领域的应用。

"社会建构论译丛"的所有入选书目均由格根先生亲自挑选并最终确定，他还在丛书翻译的过程中亲自担任学术和专业顾问。我负责这套丛书的策划、申请、组织和项目实施。参与丛书翻译的译者都是我多年的好友，也是对社会建构论有着长期研究和浓厚兴趣的学者和教授。他们既是社会建构论领域的研究者，也是积极的实践者和热情的推广者。在当下名利观念甚嚣尘上，而学术评价制度十分不利于译著出版的背景下，完成一部学术著作的翻译需要作出很大的牺牲。作为译丛主编，我对他们深表敬意，感谢他们为这套译丛作出的贡献。我还要向上海教育出版社袁彬副总编、心理学编辑室全体编辑以及其他工作人员表达谢意，他们为这套译丛的出版付出了很多心思和不懈的努力。

社会变革是包括制度与文化、教育与管理、人的思想观念与行为习惯在内的系统变革。社会心态由萎靡不振到积极向上,整个社会由危机四伏到稳定团结,需要经过长期不懈的积极建构,而我们都是这一过程的见证人和参与者。与其被动地"反映现实"或顺应"客观规律",为所谓的"事实"或"规律"所蒙蔽和奴役,不如主动参与建构某种我们想要的"事实",创造真正能够为人类和社会带来福祉的"规律"。人类社会的未来不仅取决于我们对于未来的某种理想,更取决于我们每个人以什么样的方式参与对这种理想的建构。社会建构论不仅积极倡导相互理解、对话与共同创造的价值和理念,更为如何相互理解、如何参与对话、如何共同创造提供了系统的方法和行为指导。我和格根先生同样相信并期待,这套译丛的出版能对中国当前社会的变革和发展起到切实的推进作用。

杨莉萍

2016 年 1 月于南京随园

Contents　　　　　　　　　　目录

编者的话　　　　　　　　　　　　　　　　　　　　　　1

序　　　　　　　　　　　　　　　　　　　　　　　　　1

前言　用提问来促进能力建设　　　　　　　　　　　　　1

　　　改进绩效的两种不同方式　　　　　　　　　　　　4

　　　探究与能力建设　　　　　　　　　　　　　　　　8

第一章　快速入门　　　　　　　　　　　　　　　　　12

第二章　何谓欣赏型探究　　　　　　　　　　　　　　15

第三章　当下欣赏型探究为何如此重要　　　　　　　　20

第四章　欣赏型探究的推力：无条件的积极问题　　　　28

第五章　重新思考人类组织与变革　　　　　　　　　　34

　　　建构论原则：因为我们能够言说,所以我们也能去创造　35

　　　诗意性原则：一旦选择了探究话题,它就为行动开辟了新的视野　38

　　　同步性原则：当我们追问的时候,我们就在(向着我们追问的方向)发生改变　41

　　　期望性原则：一旦我们期待,我们就在创造　　　42

　　　积极性原则：当我们发现希望、快乐和关怀的那一刻,我们也在享受生成性的体验　　　44

　　　叙事性原则：我们编织故事的过程,就是创造持续联系的过程　46

欣赏型探究：一种建设合作能力的积极方式
Appreciative Inquiry: A Positive Approach to Building Cooperative Capacity

第六章　欣赏型探究的流程：阶段及活动	48
发现	52
梦想	56
设计	61
实施	67
小结	72
第七章　如何开始：选择肯定性话题	74
第八章　团队合作能力建设：来自麦迪克旅馆的故事	79
一个关于两项探究的故事	81
欣赏型探究及其生成性能力	84
第九章　社团能力建设：来自美国海军的欣赏型探究	87
整个系统运作的力量	88
背景	90
挑战	90
2002年的首次峰会	91
峰会之后的工作	95
第十章　结语：欣赏型探究作为建设合作能力的学习	100
再次探究：为什么要进行欣赏型探究	102
体认整全性的吸引力	103
通过积极中止确定性来阻断习惯	104
运用故事讲述化解科层制	106
对领导者的最后建议：积极问题带来积极行动	107
小结	108
主要参考文献	111
附录　欣赏型探究4D循环峰会工作表样例	113

Editors' Note　　　　　编者的话

亲爱的读者：

《欣赏型探究：一种建设合作能力的积极方式》这本著作，是陶斯研究院出版集团（Taos Institute Publications）奉献给欣赏型探究的初学者和实务推广者的一份极为重要的礼物。它为理解把能力建设作为欣赏型探究的核心——任何组织获得成功所需的某种关键性东西——创造了条件。

正如你在本书中将要读到的，这种致力于合作能力建设的以优势为本的方式始于所提的第一个问题——一种无条件的积极问题，正是它促使组织向所提的问题方向发展。为了增强组织的学习能力，本书作者对三个采用欣赏型探究的机构展开了详尽的个案研究。这三个机构分别是陆路快运公司阿克伦集散站、麦迪克旅馆以及美国海军。陆路快运公司阿克伦集散站在运用欣赏型探究方面投入了大量的时间和精力，它也由此成为欣赏型探究的重要推动者。麦迪克旅馆是在欣赏型探究尚处于发展阶段时最早开始全面运用欣赏型探究的机构之一。本书尝试将麦迪克旅馆全面运用欣赏型探究跟欣赏型探究的起源联系起来讨论，努力从过程的角度展示能力建设的可能性。最后，美国海军运用欣赏型探究的过程也很引人入胜。正如有人所言:"如果欣赏型探究能成功地运用于以命令和控制为特征的军事系统,那么它也能在任何其他领域发挥作用。"

弗兰克·约瑟夫·巴雷特(Frank Joseph Barrett)和罗纳德·尤金·弗莱(Ronald Eugene Fry)认为,探究的意义体现为激活了引发转型的合作能力。他们告诉我们一个基于他们个人经历的信念,即欣赏型探究是探寻合作能力的一种有力工具,能增进我们对"能力建设是怎样开始的"这一问题的理解。如果你渴望学习欣赏型探究——或者如果你想为读者在欣赏型探究方面准备一本容易阅读的著作,那么本书就是你的不二选择。

"陶斯研究院焦点系列丛书"主编
简·加洛韦·赛林(Jane Galloway Seiling)
杰姬·斯塔夫罗斯(Jackie Stavros)

Foreword 序

本书探讨的是一种看似简单却具有革命性意味的有关组织学习与变革的哲学：去探索一切能增强人类系统合作能力的奥秘，并促进这种合作能力的发展。

正如人们无法预料爵士乐创作或者一场富有创意的爵士乐表演接下来会出现什么新情况、新选择以及相应的可能性，任何共同建构起来的事物也绝不是固化线性生成的。但有一点几乎是确定无疑的：大凡具有创意的事物，必有其存在价值。这对人类系统来说是值得珍视的、极具价值的，这样讲的主要理由是，关系空间（relational space）源自对未来新图景的培植，这种关系空间的质量是参差不齐的，正是这种不同导致关系空间品质的迥异。

在这本十分精彩的有关欣赏型探究（appreciative inquiry，简称 AI）的导论性著作中，两位作者提出，大凡存在欣赏型提问的地方，大凡注重探寻彼此的优势和最大亮点的时候，关系就变得十分真切和重要起来。在人类系统中，研究某一现象的过程实际上也是改变这一现象的过程，更确切地说，是通过探究来创造一种新现实的过程。本书主旨就是要讲述这一探究过程。更具体地说，本书旨在阐明作为一种创造关系空间的新方式，欣赏型探究在合作

欣赏型探究：一种建设合作能力的积极方式
Appreciative Inquiry: A Positive Approach to Building Cooperative Capacity

性构建现实中的巨大作用。

基于对美国海军、陆路快运和诺基亚等组织进行的近20年的实地研究，以及将社会建构论应用于人文科学探究的长期努力，作者撰写了本书。本书对以优势为基础的变革观点进行了简洁实用又富有启发的阐释，它有力地提升了成百上千个公司的竞争力，同时，对于促成领导者和团队成员认识自身潜能也有帮助。对于那些关注组织层面的变革创新这样一些前沿性问题的人来说，本书无疑是很有价值的。与此同时，本书也是有关欣赏型探究的工作坊、基础课程以及领导力培训项目的很好的补充材料。

本书的两位作者弗兰克·约瑟夫·巴雷特和罗纳德·尤金·弗莱，前者曾是一位爵士乐演奏家，现为美国海军研究生院管理与组织行为学副教授；后者是凯斯西储大学组织行为学副教授，也是美国"积极组织发展与变革"硕士培养项目的主任。他们自欣赏型探究运动肇始就成为该理论的开拓者。他们是我最珍视的同事和最亲密的朋友。他们与苏雷什·斯里瓦斯特瓦(Suresh Srivastva)、黛安娜·惠特尼(Diana Whitney)、简·沃特金斯(Jane Watkins)、吉姆·路德玛(Jim Ludema)和肯尼思·J.格根(Kenneth J. Gergen)等人，卓有创见地解释了欣赏型探究如何以及为何会发挥作用。他们在这一方面作出的贡献远远超出这个领域的其他人员。那么，他们倡导什么样的核心理念呢？用巴雷特和弗莱的话说，就是"只要秉持以欣赏型信念来看待人类团体和组织潜在的优势，合作能力就能获得相应提升"。他们坚信，合作能力乃是变革领域获取最优结果的制胜武器。

　　本书是"陶斯研究院焦点系列丛书"中的一本,它呈现了来自这个领域的不少故事和实用的小诀窍,显得既具体又通俗易懂。本书还对长期以来公认的一些有关变革的神话提出了挑战。在我看来,本书作为焦点系列丛书中具有特色的一本,定会立马让你着迷,给你指引、信心和启发,因为它会引导你去着力改变有关组织、家庭、社区及未来图景的领导变革方式。

戴维・L. 库珀里德(David L. Cooperrider)

美国凯斯西储大学

2005 年 7 月 28 日

前言

用提问来促进能力建设

组织始终保持探求新知的姿态以应对似乎永不停息的挑战和机遇。也正是这些挑战和机遇，使得特别工作组、咨询团体、项目小组诊断问题或者展开研究成为必然，而这些研究为组织学习提供了可能。尽管这些研究有时仅触及问题的表象，但有些研究也会系统深入地探讨引发困扰的种种根源。为什么过去三年的离职率会如此之高？员工的工作士气又为何如此低迷？自上次重组以来组织氛围有何改善呢？为获得更大收益，我们到底应该采取什么措施呢？我们又如何提高质量和增强顾客满意度呢？所有这些问题的解决和危机的处理都始于管理者提出的问题。**也许你会认为提问是无足轻重的，但正是我们提出的问题，最终决定了我们的能力是不断生成发展还是萎缩消亡。**

请思考以下这个例子：在某一组织中，高管们为员工的高离职率忧心忡忡，两年后将有15%的员工离职。管理层就此现象展开讨论并决定展开专题研究。当他们开会讨论调研结果时，他们发现了一长串的抱怨与不满：薪水太低，福利不稳定，工作环境压力过大,任务要求过高,管理者重处罚轻奖励,员工认为他们的努力没有获得应有重视,等等。紧接着,伴随讨论而来的是对问题根源的不同看法,随后就是相互指责和恶语谩骂,争辩双方坚持己方无错而责任全在对方。最后,一位外部顾问提出了一个完全不同的问题:到底是公司的哪一点使得85％的员工愿意留下来呢？在短暂的沉默之后,一位管理人员认为该问题毫无提出的必要,因为这85％的员工并不是需要关心的问题。但另一位管理人员认为,至少应该弄清楚人们愿意留在公司的原因。研究小组决定就公司什么地方吸引了员工这一问题展开调研。比如,公司的哪些方面对他们有吸引力？他们到底具有哪些愉快的工作体验？调研结果发现了大量意想不到的正面事例,表明许多因素已为高管们所遗忘或者忽略。高管们开始看重部门间的协作,重视员工们提出的具有创意的方案,特别是对那些大胆而具有包容性的决策事例更是珍视。

在随后进行的执行董事会议上,与会者开启了与上次全然不同的对话。他们聚焦研讨公司的优势,关注公司独特文化的认同,以及努力拓展员工协作的机会和提供参与性决策(participative decision making)途径的尝试。高管们开始考虑那些能够带来以前无法想象的具有突破性意义的新战略。他们学着去密切关注那些卓越的公司是如何吸引员工和留住员工的。如此一来,他们的整个工作重心就从过去自以为是问题的方面,转移到现在他们意识到的核心优势方面上来。

前言
用提问来促进能力建设

上述例子表明,提问具有至关重要的作用。面对普遍存在的问题,我们却很少认真地思考。管理者们总是在不断地提问,涉及的内容从一些简单的疑问到全方位的探究。而这也没有什么可奇怪的,既然问题是学习之母,那么它也自然是任何团队、组织或者系统发展的关键。在本书中,我们认为,重视如何提问是一件十分有意义的事情。这是因为,**对问题的追问意味着我们试图去理解的人类系统的能力已经开始转型与变革。**

当然,仅仅提出好问题还远远不够,密切关注问题产生的原因也相当重要。吉姆·科林斯(Jim Collins)举过这么一个例子。[①] 他将两家同业竞争的企业——A&P超市和克罗格(Kroger)超市的发展进行了比照研究。两家企业都提出过同样的问题:顾客想从当地零售店购买一些什么商品?应该提供什么样的商品和服务才能让顾客长期光临?不同之处在于,克罗格超市在进行顾客购物意向调查时,特别重视顾客提出的意见并确保企业朝顾客希望的方向发展。在这个案例里,两家企业都提出了很好的问题:到底是什么让顾客感到满意?不同在于,一家企业根据调研结果采取了切实的行动,另一家则什么也没有做。正如科林斯指出的,卓越组织的特质之一就是,能够提出适当的问题,并且关心会取得怎样的结果。如果调研表明需要采取温和的或者激进的变革,那么它们就会去推进这种变革。我们完全赞同这种观点。

---

① Collins, J. (2001). *Good to Great*. New York: Harper Collins.

欣赏型探究：一种建设合作能力的积极方式
Appreciative Inquiry: A Positive Approach to Building Cooperative Capacity

学习总是始于问题，起步于探究。这些问题体现了提问者试图学习的意识，而这往往又会带来提升绩效或者以某种方式改善现状的努力。实际上，管理者提出问题的方式是非常值得反思的，因为它为重新理解环境条件提供了可能。**本书的目的就在于以积极的立场来形成问题，并聚焦改进组织学习，从而增强合作能力。**

改进绩效的两种不同方式

探究方式在我们研究之初显得至关重要。下面我们分享两个引人深思的例子，它们对比了有关学习和能力建设的两种迥异的观点。第一个例子发生在2000年的美国总统竞选期间。在艾伯特·阿诺德·戈尔（Albert Arnold Gore，以下简称"戈尔"）和乔治·W.布什（George W. Bush）首场竞选辩论之后，一些观察员评论戈尔咄咄逼人且不留情面，某些人甚至认为他十分固执武断。而且，在这场辩论过后，有一个颇受欢迎的电视节目"周六夜现场"嘲弄揶揄了两位总统候选人，特别是节目故意多次提及"保险箱"（lockbox）这个词，以此讥讽戈尔的社保计划并辛辣地嘲讽了戈尔冲动好斗的品性。

就我们的目的来说，我们感兴趣的是：戈尔究竟会以怎样的方式来改进自身的表现，以此应对与乔治·W.布什的第二场竞选辩论呢？戈尔会仔细考虑他自身的特长和能力品质，并努力去扬长避短吗？很显然，他没有这样做。相反，他采取了一种更为常见的做法——努力查找自身的缺陷，并通过改进不足来提升个人的表现。当然,戈尔也获得了相应的帮助。在第二场辩论前夕,戈尔的竞选班子播放了"周六夜现场"对其嘲讽的录像带。在那期节目中,演员达雷尔·哈蒙德(Darrell Hammond)扮演了戈尔,他将戈尔的田纳西州鼻音模仿得惟妙惟肖,并将戈尔恶搞为自大浮夸、傲慢无礼、自以为"无所不知"的滑稽小丑,戈尔的整个演讲看起来就像他正对着一群幼儿园的小朋友讲话一样。当扮演乔治·W.布什的演员回答提问时,达雷尔·哈蒙德饰演的戈尔又极其夸张地频频叹气。戈尔看完助手播放的录像带后,他发誓一定要改变自己的表达方式,"绝对要少叹气"。

正是由于戈尔对首场辩论的糟糕表现心有余悸,他极力告诫自己在第二场辩论中要避免犯同样的错误。事实上,这一次他明显地谨小慎微以至于畏缩不前,谦逊过头以至于果敢不足,不愿与乔治·W.布什过多地正面交锋。达雷尔·哈蒙德在"周六夜现场"夸张的揶揄也许在某种程度上影响了戈尔在第二场辩论中的表现。我们认为,戈尔的确注意了不要表现得过于傲慢自大以免让人望而生畏。那天他就表现得异常谨慎和善解人意。虽然我们不太知道戈尔当时的真实心理状态,但有一点确定无疑,那就是辩论结果对戈尔很不利。不少人后来评论,第二场辩论是竞选局面的转折点,它给了乔治·W.布什难得的机会。时任总统克林顿在观看了戈尔的第二场辩论后疑惑地表示,戈尔为什么会看上去如此萎靡、毫无激情呢?与此同时,辩论赛后不久,乔治·W.布什的一位竞选助手告诉他,他入主白宫已是铁板钉钉、十拿九稳了。

欣赏型探究：一种建设合作能力的积极方式
Appreciative Inquiry: A Positive Approach to Building Cooperative Capacity

我们之所以在这里花费如此多的笔墨来讲述这个事例，是因为它能告诉我们，运用问题解决方式（problem-solving approach）也能导致适得其反的效果。实际上，戈尔采取的策略也是我们大多数人本能上会采用的策略，这似乎成为一种不言自明的真理：若想改善表现、提高能力，就必须着力查找不足并努力改进。

下面我们将引用一个来自不同时代和背景的事例，讲述一个有关学习和能力建设的完全不同的故事。1501年，米开朗琪罗受指派为佛罗伦萨市的一座大教堂雕琢一尊大卫的大理石雕像。40年前，这块大理石委托给另一位雕刻家阿戈斯蒂诺·迪·杜乔（Agostino di Duccio）来创作，但他终因挫折而不得不遗憾地放弃。令我们深感兴趣的是，米开朗琪罗究竟是以怎样的心态来接受这项任务的？又是如何着手来开展这项挑战性很高的工作的呢？毕竟，要从如此耐磨的材料中雕琢出如此复杂的人物形象，需要非常强大的问题解决能力。[1]

但米开朗琪罗并不把完成这次任务看成是一个解决问题的过

---

[1] 请听威廉姆·华莱士（William Wallace）对米开朗琪罗所面临挑战的介绍："大理石雕刻是一项异常艰苦的工作，既刺耳又肮脏。雕琢时铁锤的每次敲打都是金属之间的猛烈撞击。大理石碎片漫天飞舞，地上积满厚厚的灰尘。今天的大理石雕工总是戴着护目镜，而米开朗琪罗那时却没有这样的护眼工具。他不得不紧盯着大理石，仔细察看每一处记号，小心地调整手中的凿子，精准地掌控每一次敲打。他无法承受因失误而造成的损失。如果敲打不对，很可能弄破手指、手臂，甚至造成更为严重的伤害。手指的精准灵活来自成千上万次完美的轻敲重击的实践。大理石雕刻是一件极难驾驭的高难度工作。"[Wallace, W. (1998). *Michelangelo: The Complete Sculpture, Painting, Architecture.* Beaux. Arts Edition].

程。这位大艺术家说,当他看到这块被遗弃的大理石时,他就已经看到大卫正以一种完满、纯朴的姿态静卧在那里。他说他需要做的事情非常简单,就是"凿去大理石上的多余部分从而让大卫显现出来"。米开朗琪罗的全部精力和根本关注点在于,开凿之前最为重要的是要塑造一幅有关大卫的完美形象。

迄今,文艺评论家和艺术鉴赏家对米开朗琪罗的大卫雕像作品仍然敬畏有加。保罗·约翰逊(Paul Johnson)曾言道,这件传世之作出自米开朗琪罗"天才般技艺与激情"。① 我们尤其敬畏米开朗琪罗的心态,面对同一块大理石,早先的艺术家阿戈斯蒂诺·迪·杜乔,也许就是因为遭遇挫折而放弃了雕琢,而米开朗琪罗却能透过大理石看到有待发掘的大卫图像。米开朗琪罗身上具有的这种在粗糙的大理石上构想塑造大卫的能力,正是一种能够导致大胆革新的学习方式。[后来,也正因如此,大卫雕像以其不朽的艺术成就被视为整个佛罗伦萨的象征。出于同样的原因,大卫雕像就从大教堂移到了佛罗伦萨市政厅前方的维奇奥宫(Palazzo Vecchio),这是一个更具公共性的开放展区。]

上述事例表明,存在两种截然不同的问题和两种完全相反的探究主题,它们共同说明存在两种完全不同的改进绩效的方式:

---

① Johnson, P. (2000). *The Renaissance: A short history*. New York: Modern Library.

欣赏型探究：一种建设合作能力的积极方式
Appreciative Inquiry: A Positive Approach to Building Cooperative Capacity

一种是指向问题解决的缺陷方式（deficit approach）；另一种是指向增进能力和推动创新的积极的欣赏型方式（appreciative approach）。无论是经营管理者还是组织变革的领导者，均能从上述事例中获得宝贵的经验。戈尔时刻警惕自己再犯错误；米开朗琪罗则专注于塑造大卫的完美形象并尝试将它从这块巨大的大理石中提取出来。试想一下，事例中的两位主角会向他们自己提出怎样的问题？戈尔很可能反复质问自己：怎样才能使自己不咄咄逼人呢？而米开朗琪罗很可能反问自己：怎样才能把完美的大卫形象从这块大理石中"邀请"出来呢？

探究与能力建设

前面列举的改进绩效的两个例子还隐藏着另外一个重要的区别：一是有关"变得更好"的故事；一是有关"能力建设"的故事，或者是在追求卓越的过程中拓展能力的故事。须知，并非所有的改进均属于能力建设的范畴。正如我们将要看到的，努力增进个体行动能力发挥的效果，与查漏、补缺和疗伤等行为产生的作用是完全不同的。本书阐述的致力于能力建设的欣赏型探究理论，其不同于其他变革理论的主要表现就在于，欣赏型探究从以优势为本的视角（strength-based perspective）来聚焦组织的变革发展。

欣赏型探究理论的重要性可以从图1得到系统说明。该图得自卡梅伦、达顿和奎因（Cameron，Dutton，& Quinn，2003）三人在积极组织学这一新兴领域的研究发现。① 图中,左边部分表示人类系统处于不良状态,组织中充斥着不负责任的行为,执行力低下,产品质量低劣;中线部分表示人类系统处于平均水平和标准状态,这里制定了最低的伦理标准,工作绩效不好也不坏,产品质量无太多诟病之处;右边部分表示人类系统处于巅峰状态,这里道德水平高,社会责任感强,绩效卓越而稳定,产品质量毫无瑕疵。在绝大多数的人类系统中都存在这样一种社会趋向,这种趋向已成为一种常见的反应,那就是各种行为、态度和行动均表现出向该图中线部分靠拢的态势。"探寻解决问题"(fixing things)的动力来自将低下的绩效转变为平均水平的绩效;而"追求卓越与兴旺的能力建设"与之根本不同,借用吉姆·科林斯(Jim Collins)的说法,这种不同就是旨在促使组织从"良好迈向卓越"。

传统的那种聚焦诊断与问题解决的组织发展技术,始终把不良绩效的探寻与改善放在中心地位。这种问题中心方式(problem-centric techniques)的典型表现就是,发现症状、探讨缘由、分析问题、提出可能的补救措施,进而拿出相应的整治方案。这种方式内含着这样的隐喻,即组织是有病的,管理者和咨询师就是医生,他们的任务就在于诊断病情和对症下药。与之相反,欣赏

---

① Cameron, K. S., Dutton, J. E., & Quinn, R. E. (2003). Foundations of Positive Organizational Scholarship. In K. S. Cameron, J. E. Dutton, & R. E. Quinn (eds.), *Positive Organizational Scholarship: Foundations of a New Discipline* (pp. 3-13). San Francisco: Berrett Koehler.

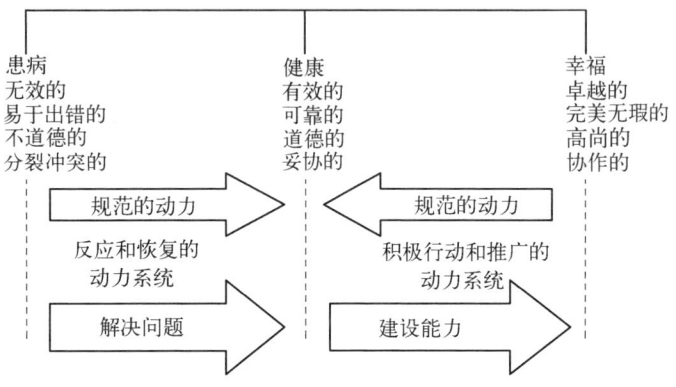

图 1　能力建设的动力

型探究则致力于挖掘促使组织从普通走向卓越的内在动力。欣赏型探究理论认为,任何组织都能达到一个基本水平,这是组织的正常机能。与此同时,这种追求卓越表现的潜能或者能力,也内植于该组织。由此一来,对我们而言,能力建设就变成一个阐发和拓展**某一系统之优势的过程,这一过程通常与合作行为紧密地缠绕在一起,其目的是促使系统从表现良好到伟大卓越,从做得较好到总是取胜,从不断纠错到永久创新,等等。**

这里,我们呼吁要重视对比两种迥异的学习与能力建设方式:一是缺陷方式,这意味着我要尽力避免我以前曾经做过的行为;二是欣赏型方式,这意味着我要从这块大理石原料中构想出大卫的完美形象。为此,我们强调的要点是,当某人过度关注于避免犯错或者修补失误时,创造与革新的能力就已离他而去。须知,米开朗琪罗能够创作出他所期待的积极意象,戈尔则聚焦于他个人竭力避免的方面,正是他们之间的这种差异导致了不同的结局。

焦 点 箱

米开朗琪罗创作《大卫》的方式,乃是一种致力于能力建设的欣赏方式。本书的目的就在于全面探讨和总结这些经验。我们试图更深入地探讨,如果以一个完全不同的问题,即我们怎样开创一个为绝大多数人所冀盼的世界美景来开启我们的创新与变革之旅时,它将带来哪些意想不到的突破呢?通读本书,你会发现,这种致力于能力建设的以优势为本的方式,其实起步于最初的第一个问题。须知,一个小小的变动,却能带来巨大的改变。

第一章

快速入门

正如前言中所说，撰写本书的目的，是要为正在形成中的一门新学科及其实践——作为组织能力建设的一种新观点的欣赏型探究，提供一个简介和概览。尽管起初讨论欣赏型探究的有关著作并没有突出使用"建设合作能力"（building cooperative capacity）这一术语，但是，我们深信，合作能力的建设是运用欣赏型探究的一个潜在结果。另外，随着有关欣赏型探究的研究著作、手册和案例研究数量快速增长，我们又感到社会产生了一种对简易读本的强烈需求。对于那些求知欲旺盛的学习者、变革者和领导者来说，只要他们对于这一快速发展的欣赏型探究的理论与实践产生兴趣，简易读本就能帮助他们快速切入这一领域。如果你对人类系统中的多个利益相关者之间的合作抱有兴趣，打算由此开展一场快速而积极的变革，那么通读本书对你就具有重要意义。

欣赏型探究是所有领导者、父母、同事、伙伴、变革推动者、团队领导者、项目管理者、教师、雇主或者员工均应掌握的一种方式。它是一种富有激情和给人力量的存在方式，能有力地推动个体、团

第一章
快速入门

队、组织、共同体和全球的振兴与变革。面对当下的各种挑战和强烈的变革型合作的需要，尽管欣赏型探究并不是唯一的应对办法，但它是一种充满希望和活力的方式。

你既可以从头到尾阅读本书，也可以从你最感兴趣的特定章节开始阅读。随后部分，也就是第二章，我们从理论与实践的层面介绍了一些欣赏型探究主张的基本定义和论断。第三章将支持我们的主张：欣赏型探究正在变得越来越广为人知，运用它的人也越来越多。促使欣赏型探究快速发展的原因是，我们对任何事情都偏好采用缺陷话语（deficit discourse）的社会化倾向已使我们越来越缺少创新追求、变革意识和合作观念，而这是绝大多数公司和社会领域实现振兴与转型不可缺少的。第四章和第五章主要从内在逻辑或者理论的层面，为欣赏型探究这一令人兴奋的实践活动提供了坚实的基础。第六章和第七章将指导你把握欣赏型探究过程中的每一步骤，从而帮助你熟悉这一过程中的那些关键活动及其结果。第八章和第九章提供了一些有关欣赏型探究的现实案例，这些案例有助于形成团队和提升组织的能力。最后，第十章反思欣赏型探究如何改变我们的思维方式以及怎样推进积极变革，并以此作为本书的结尾。

我们努力进行口语化写作，与读者分享我们得自欣赏型探究的相关经验，这就好像我们正身处于某一工作坊、研讨班或者系统中，那里正在全力实践旨在变革的欣赏型探究这一引人注目的理论。我们将富有激情地、严谨地介绍这一指向组织发展与转型的理论,我们希望凡是对这一理论真正感兴趣的人,都能在他们的发现与学习之旅中将本书作为第一手资料予以参考和借鉴。

最后,我们要说的是,我们也不是这方面的专家。我们和很多同事在不同的地方,以不同的形式探讨过呈现在本书中的许多观点(参见主要参考文献)。这里,我们试图去做的是,编辑和梳理不断增长的相关文献,从而帮助那些对欣赏型探究已有浓厚兴趣或者尚不知欣赏型探究为何物的人,以便他们决定是否需要进一步学习下去。为了发展和增进人类系统中的合作能力,我们致力于拓宽欣赏型探究方法的相关知识与实践。在追求这一目标的过程中,非常感谢我们的朋友和同事——戴维·L.库珀里德,他在其博士学位论文以及随后与苏雷什·斯里瓦斯特瓦(Suresh Srivastva)合撰的原创性论文中,首次阐发了欣赏型探究的方法和理论。也就是从那时起,戴维·L.库珀里德围绕欣赏型探究开始了无私的工作,他没有申请任何商标和专利,目的是促使更多的人投入进学习和发现欣赏型探究的工作中。在那个充满创新激情的年代,我们作为与戴维·L.库珀里德一起工作的师生团队的一员,至今依然与他一道工作和写作,我们希望本书能使欣赏型探究变得更加普及可行,并激发更多的人学习和接受这种以优势为本的理论,努力推动个体与组织的发展,以此回报戴维·L.库珀里德的远见卓识与激情。

第二章

何谓欣赏型探究

欣赏型探究是一种以优势为本的能力建设理论,它首先致力于发现人类系统共同经历中的最好方面,从而推动人类系统向最为积极的潜能方向发展。它不是为了达到某一目的而推行的变革,而是一种彼此间的变化、集合、对话和联系,以便挖掘每个系统在合作与变革方面的与生俱来的能力。欣赏型探究的核心是增进系统内成员的对话生成能力,改进我们的交谈方式,特别是关注我们采用的隐喻和叙事,开展支持成员实现最高价值和潜能的各种行动。欣赏型探究力图构建新的隐喻、叙事和生成性对话(generative conversation),突破既有的束缚,开辟未来活动的全新前景,从而促进人类最高价值与追求的实现。欣赏型探究的独特性体现为,在运用这一理论的过程中能够扩展和增强理论运用者的合作能力。

- **欣赏型探究是以优势为本的理论**。欣赏型探究基于这样一个假设:每个人类系统都有其优势,都具备了健康与幸福的关键特征（相对于需要、疾病、问题和差距而言）。为了认清和培育这种健康与幸福，彰显活力与潜能，欣赏型探究慎重而系统地研究了那些独特的资产（distinctive assets）、成功的实践、隐喻、梦想、沉思与希望。欣赏型探究始终在探寻有助于鼓励和激发人类系统非凡潜能和活力的各种前提条件、促进力量及各种辅助因素，这种强调持续挖掘核心优势和能力的意识，乃是欣赏型探究的重要内容。正如我们自身经验不断证明的那样，起步于以优势为本的这种理论，加速了学习并促进了革新。

- **欣赏型探究是一项充满智慧的探索**。"欣赏的艺术"是一种致力于发现和评估那些赋予组织或者团体以生命的各种因素的艺术。最主要的是，凭借访谈和故事讲述，发现历史上那些最好的方面，从而为形成有效的意象做好准备。欣赏型探究努力从"是什么"（一个人到目前为止的经历）中探寻最好的部分，从而为构想"什么是可能的"提供基础。它的目标在于形成能够拓宽"可能领域"的新知识，帮助组织成员共同展望大家所冀盼的未来。这种"未来"因诞生于充满希望的、高度预期的意象，与人类经历的最佳状态的实际经验紧紧地关联在一起，自然也就相当地引人注目，充满吸引力。积极的未来意象能够积聚能量、调动注意力。当团体和组织为饱含希望的意象所指引时，它们就会被引导走上合作之路，从而实现这些愿景。

- **欣赏型探究意味着协作存在于系统的各个方面**。欣赏型探究意味着一种协作性的努力——人们聚集在一起,共同发现和创造组织生活中那些健康的、成功的和积极的东西。这也意味着需要多个成员或利益相关者联合在一起展开对话和工作。这还意味着通过倾听高峰体验、成功时刻或者其他有趣的可能性,引导人们关注当下的成功与过去的优势,而这样做的目的乃在于发现什么是系统的最佳运转状态。

- **欣赏型探究意味着包容**。欣赏型探究试图不断地拓宽圈子,在这里能听到各种声音,为生成不同的鼓舞人心的故事创造机会和组织讨论会。这种关于新的可能性的声音以及有关希望和灵感的会话,促使包含积极可能性的新词汇涌现,进而为突破现状创造了可能。尽管欣赏型探究也适用于两人、小组和部门,但对我们来说,当下欣赏型探究中最令人兴奋的工作,却发生在成百上千个小组参与者身上,它代表了系统里全部利益相关人的声音。他们走到了一起,共同发现、共同想象、共同创造并合力推动着积极的变革。

- **欣赏型探究意味着生成**。任何系统构想的未来均深藏在日常会话中,内嵌于会议故事和走廊交谈中,等等。欣赏型探究培育了这样一种对话,即到底是什么方案和理论促成了"优秀"(good)、带动了合作、形成了高执行力的工作团队或者获得了更高的利润。显然,这形成了新的术语、分类、意象、支持性活动以及共同工作的正能量。那些有关系统工作如何最佳运转的故事,以及联结这些故事的相应的情感经历,孕育了最高理想、优势及成功方面的新型对话,这使得积极行动和未来协作变得更有可能,也更令人期待。参与者们为了一个共同预想的意象而被黏合在一起,共同工作,他们寻求彼此间的更多对话,有关积极变革的更多观念,以及更多人员的加入。正是通过这些新型的或者深层的工作关系,他们"生成"了新的可能性。

综上所述,这些特征解释了能力建设的过程,以欣赏型的认知方式讨论了积极潜能。

很多与组织发展有关的"高卷入"(high involvement)战略,或多或少都表现出上述特征,特别是在重视协作、包容、合作的方面。在我们看来,将欣赏型探究与其他变革理论区别开来的关键在于,欣赏型探究坚持以优势为本的视角,集中聚焦于那些潜在的、尚未触及的能力的开发,以确保美好未来的共同意象得以实现。这些有关什么是可能的共享意象,激发了共同工作的愿望,促使人们以新的方式来协同创造未来。正是通过这种方式,欣赏型探究成为一种生成性的活动;也正因如此,它不断在发现、建设和提升能力的过程中推动了合作。

焦 点 箱

欣赏型探究是一种很独特的学习方式,它在促成关系的变革方面具有独一无二的作用。它的这种**智慧性探索**特点,使人们开始重新关注关系或者关系网络中的内在**优势**,并依靠这种方式邀请更多的参与者相互**合作**,从而为实现积极的、共享的美好未来意象开创了新的道路。这也就意味着它催生了新的可能性。

第三章
当下欣赏型探究为何如此重要

要想改善状况,首先需要确定问题出在哪里,这似乎已成为一种本能反应。事实也确实如此。一旦组织中的某个人或者某件工作出现了问题,我们的习惯性应对方式就是查找出现的问题,并努力去解决它。然而,有时我们未能注意到这样的现象,有些假设会阻断创新性解决问题的可能性。有时候,我们由于过度执著于问题中心的世界观(problem-centered view of the world),反而削弱和伤害了我们的质询能力。我们简单地以为,最应该做的事就是首先确定问题所在。

我们已经陷入从缺陷视角(deficiency perspective)察看世界的泥潭。我们所用的词汇表中充斥着这样一些术语,即竭力标识和搜寻人类的缺陷面以及组织发展的故障。美国心理学会前任主席马丁·塞利格曼(Martin Seligman)在1998年指出,过去30多年间,心理学期刊上刊发了"抑郁沮丧"方面的论文超过4.5万篇,而以"愉悦快乐"为题的论文则不到所发表论文总数的1%(大约400篇)。他指出,最近100年来,心理学领域一直深陷于消极否定的氛围中不能自拔。他进一步强调:"社会科学长期持有这样的信条,即只有消极否定的事情才是真实可信的,而人类的力量也是应对这种消极事情的机制。"①

很少有人能清醒地认识到这种缺陷话语造成的影响。须知,正是这种缺陷话语,使我们将组织及其人员视作一系列的问题,管理者则成为唯一的专家型的问题解决者(problem solver)。曾经风靡一时的全面质量管理(total quality management,简称TQM)运动和现在流行的六西格玛(six sigma)方法,本质上是一种缩小缺陷的实践努力。正如哈梅尔(Hamel,2000)所指出的那样:②

> 工业时代的唯一成就就是形成了持续改进的理念。这已成为绝大多数管理者的世俗追求……而且,这些不断增多的改进项目在效果上也出现了逐渐递减的态势。

与其说我们是要终结问题解决(problem-solving)方式,毋宁说如果不对其保持足够的警惕和谨慎,问题解决方式很可能会成为我们的"默认选项"。须知,过度使用问题解决方式,会给组织的发展带来危害。当然,只要人们予以重视,这种过度使用的危害也

---

① Hall, T. (1998). Seeking a Focus on Joy in the Field of Psychology. *New York Times*, Science Desk, April 28.
② Hamel, G. (2000). *Leading the Revolution*. New York: Penguin, 13-14.

能控制在极小的范围内。可惜的是,现实常常事与愿违。无休止地追逐问题解决措施催生了一套缺陷话语,而这为团体和组织的发展带来了多方面的机能失调:

- **碎片化**。缺陷话语的一个最显著影响就是碎片化(fragmentation)。这是因为问题解决方式在一开始就会将复杂的整体碎片化,使之成为一些很小的部分,而组织成员也相应地成为这些越来越小的特定部门的专家。随着专业知识的不断积累和进步,管理者愈加坚信,他们有关特定情境的部门观点就是正确的观点,而忽视了更大的系统情境的作用。如此一来,他们就忽略或者否认组织议题具有更大系统属性。

  系统理论告诉我们,所有行为都有时空上彼此分离的必然结果。那种着力于孤立地解决问题的方式,通常又会造成系统内的新问题。因此,分析式的问题解决方式使得管理者察看问题的路径碎片化,进而塑造他们的提问方式,束缚他们获取信息的来源和范围。这些专家成为一些局部过程的行家,使用着只有他们自己及其亚团体才能理解的专属语言,而看不见整个过程。其中一些问题变得更为常见和具体,以至于组织需要围绕它们创设更加周全的部门和设置更具体的职业路径,而这直接加剧了亚团体之间的分离。

- **漠视可能性**。我们总是以特定的思维模式来察看问题,而正是这种特定的思维模式制造了种种问题。一旦承认生成问题的相关约束条件,也就意味着几乎不能获得一劳永逸的解决方案,而是一定会备受责难。人们学着以较低的期望来生活,忍受那些引发问题的种种限制因素,并不断陷入由此引发的问题之中。他们学着去做那些可行的事情,而不是努力寻求哪些事情将有可能发生。

  以问题解决的思维模式来开展工作,将会造成严重的后果,也会加大维护现状而造成的守旧风险。这种问题解决思维模式只会使信奉者以可行性为标尺,并依靠过去的经验来探寻下一个解决方案。而这样做的结果必然是换回一系列的"不"——什么没有效果?什么将不被资助?依据以往的做法,什么将不会被管理高层通过?

- **缺陷预言的自我实现**。当自行车失去控制并偏离马路的时候,骑车人通常会做出调整使自己行驶在所注视的方向上。这样一来,常规指令使他们避免了看似会冲入沟渠的危险,使他们聚焦于方向以保证行驶在马路上。与之相似,人类系统也是朝着他们所使用的话语——比如他们经常谈论什么话题,特别是他们经常提出哪些方面的问题——的方向运行的。

  思考下面的案例:某汽车修理公司在顾客服务方面设置了特别的奖金,但是仍然不能降低6%—8%的顾客不满意率。他们陷入这样的一个怪圈：他们越是努力降低6%—8%的不满意率,他们遭遇的挫折、指责和争执就会越多。但是,仔细审查一下他们的大量做法,很快就会发现,他们所采取的99%的措施,均是聚焦于顾客不满意的问题。然而,通过提高对监控的重视和思考什么能使顾客满意而不是什么使顾客不满意之后,他们认识到存在着一些可以广泛运用于组织各个层面的、富有创新和饶有趣味的小措施。凭借这一改变,他们最终实现了99%的满意度目标。

- **过度依赖专家和科层制**。问题解决方式非常重视专家的作用。但是,反复运用这一方式会形成一种思维定势,即所有的非专家成员,也就是组织的绝大多数成员,会逐渐养成被动的依赖习惯。大多数组织成员会依靠极少数精心挑选出来的专家,等待专家的指示和答复,而不是自行提出问题,或者行使他们自身的主动权。他们自认为无知。这种对专家的依赖削弱了系统革新或者执行的能力,这是因为系统的"大多数"成员经常在等待着"极少数"成员做出决定和提出倡议。在车间,员工被告知,在工业工程师或财政分析师研究一个工序前,任何操作人员的改进建议都不得采纳、实施。在采取任何行动前,有关改进工序或者与组织中另一部门开展合作的日常计划,首先必须得到组织中更高职位的极少数决策者的审查。这种等待掌握着更多信息或者决策权的极少数人物的倾向,严重削弱了除专家以外的其他成员的自信。系统的创造能力、开拓精神和革新思维被严重地局限在少数个人身上,由于所有人都在等待着他们的明确无误的指令输入,这些极少数人员已负担过重。

- **疲于应付和短视**。纠缠于探明问题或者面对无休止的问题清单,是一件令人精疲力竭、倍感压力的事。当代积极心理学领域的研究清楚地表明,那些身处持续压力之下和情绪状态消极的人,通常缺乏生产性、创造性和自信。相反,当人们保持积极情绪的时候,他们的注意力能保持得更加长久,他们更具有好奇心,同时还会持有一种更加多元的观点。[①] 对多元观点保持一种好奇的心态,更有利于激发顿悟和激励创新。

- **分离日趋严重**。当组织出现故障时,管理者通常热衷于从工作单位外部而不是内部来找寻问题的根源。当调研是聚焦查明某人的问题时——通常是以找到某人或者某团体犯错的"真正"原因为目标——人们往往会摆起一种防御姿态,想方设法地逃脱指责,并打着问题解决者的旗号彼此攻击。这种防御举动会导致远比问题本身更为严重的成员间分离,这也使得建立信任成为一件非常困难的工作。人们更重视如何保住自己的职位,而不是追问自身应持怎样的思想才有助于问题的解决或者目标的实现。防御性的姿态

---

① Frederickson, B. L. (2003). The Value of Positive Emotion. *American Scientist*, 91, 330–335.

抑制了人们的尝试和创造性思维。人们更关心的是，如何逃避责难，而不是发现新的路径和方法。由此一来，我们在乎的并不是要将事情真正做好，而是更在乎事情看上去是否潇洒漂亮。深陷这种防御性螺旋困境的管理者，也就变成阿吉里斯(Argyris,1987)①所说的"有技能的不胜任"(skilled incompetence)类型的大师，即他们擅长保护自己免受学习和失败的风险，以至于不去理会自身的学习与变革需求。他们变得越来越擅长做错误的事情。

这种缺陷话语的种种后果堆积起来，必然会造成人际关系崩溃和闭门会议，从而引发整体性的失望情绪。一旦这种失望情绪弥散开来，我们就不会对职员们的反复抱怨感到任何的惊诧："如果管理者不再是忙于探明问题并去'救火'的话，那他们将要做什么呢？他们必须致力于不断地寻找问题从而使自己一直保持忙碌！"事实上，只要我们足够努力地去找寻，我们就一定会找到它。

总之，我们已被问题中心的、批评取向的世界观深深地困住，以至于我们的创新潜能与变革潜力丧失殆尽。传统形式的组织变革是建立在未经质疑的假设之上的，而这种假设限制了整体意义上的变革过程。那些频繁实施的变革尝试都是以缺陷

---

① Argyris, C. (1987). A Leadership Dilemma: Skilled Incompetence. *Business and Economic Review*, 1(1), 4-11.

根基为出发点的,其抱持的假设就是:一定是某些方面出错了,必须对这些错误予以修正。须知,基于这种缺陷取向的世界观而提出的任何措施,其本质都是保守的,既没有能力激发集体的想象力,也无法鼓励组织成员进行创新性的转型或推行激进的变革。这是因为,我们日常生活中的大量提问都是以这种形式存在的,即组织出现了某种程度的问题,它们需要确认、诊断和修正。如此一来,我们在刚刚作出努力的时候,想象力就已经枯萎消失了。

> **焦 点 箱**
>
> 尽管缺陷话语无处不在,但是它在不经意中引发的后果,如碎片化(fragmentation)、绝望、缺陷预言的自我实现、对专家或科层制的过度依赖、疲于应付以及分离日趋严重(spirals of separation),并不必然就会吞食掉我们。还有其他的方式来面对发生在组织和社会系统中的日常生活。欣赏型探究从一开始就秉持这样一种假设:每个人类系统都拥有其财富和正面的成功经历。欣赏型探究本质上是一种协作性的过程,它通过发现各自的优势,并依此来想象、构建和实现一个共同期盼的未来。我们不能将它简单地理解为一种积极思维或者习得的乐观。它是通过开展新型的对话和特定的探究来生成更强的合作能力,并以此为基础,形成一条强有力的变革路径;它是有意识地从优势中学习而不是从缺陷中学习。

第四章

欣赏型探究的推力：无条件的积极问题

当我们把拥抱未知看作一次发现和革新的机会，从而开启我们的能力建设的时候，一种全新的理解就显现出来。它意味着我们要悬置那些在确定性事物上的自信，这也是为什么欣赏与探究这两个词语会如此紧密地连接在一起的原因。探讨欣赏与学习之间的联系也是一件很值得做的事情，这为合作能力的建设提供了机会。

"欣赏"（appreciate）一词源自拉丁文"appretiare"。而"appretiare"具有四个不同但又彼此关联的含义。第一，"appretiare"意指"定价，赋予意义，评估"。欣赏某物，意味着估计或者评价它的价值。当我们这样说"他估计（appreciate）到形势的严峻性"时，我们就沿用了这一说法，即意指他擅长估计或者判断形势。第二，"appretiare"的另一含义是"增值"（to increase in value），就此而论，当某人"看重"（appreciate）某物时，这意味着某物的价值提高了。当我们说房子的价值"提高"（appreciate）了15％的时候，所有人都知道这是指价格上涨了。第三，"appretiare"也能意味着"察看或者理解"。我们同样沿用了这一说法。我们说"我们能够理解（appreciate）你坚持的立场"的时候，这并不意味着赞同你的行为，而是说能够理解你坚持的观点。第四，"appretiare"表示"高度评价、赞赏"。当我们说"我很欣赏（appreciate）你在这一项目上的表现"时，表达的就是这种意思。这意味着我想突出你在工作中表现出来的积极品质，你具有的优势以及你做得极其出色的那些方面。如果把"欣赏"（appreciation）视作一种活动，那么欣赏这一术语的四种含义都是相互联系着的。

整合起来看能够发现，当我们依靠欣赏或者通过欣赏开展工作的时候，这个世界就会以一种极其特别的方式展现在我们的面前。那些积极的品质与富有希望的特征就会变得越来越突出。正是在这种意义上，将欣赏作为一种认知方式，具有其合理性。然而，如果某人是消极的观察者，他就不会以欣赏性的方式进行认知。欣赏是一种创造知识的充满活力的形式，欣赏行为则是一种能够拓展事物价值的观察方式。正如"欣赏"（appretiance）的定义中所表明的那样，当我们仔细探寻和关注那些我们高度倚重的品质时，我们给予关注和重视这种行为本身，就放大了这些品质，进而扩展了它们的价值。简言之，就是"我们注意什么，什么就会增值"。以欣赏性的态度追问一些焦点性的问题，有助于拓展察看探究对象的可能性，有利于进一步提升探究对象的价值。

探究（inquire）意味着探寻和发现。探究是一种探索行为，一

欣赏型探究：一种建设合作能力的积极方式
Appreciative Inquiry: A Positive Approach to Building Cooperative Capacity

种为了发现新的可能性而提问的行为。欣赏型探究总是从一个问题开始——这是一种希望了解某一事物的真实渴望，这构成了它的基本前提。欣赏型探究并不只是要调动相应的人力资源，从而改变或者"引入"（buy in）一种既有的战略，更是一种共同学习的方式。正是依靠共同学习，这种以优势为本的探究所具有的生成性力量才得以显现，从而推动创新与变革。欣赏型探究是一种建构性的、生成性的行动研究模式，也是一种旨在加强能力建设的行动研究模式。其中，探究、学习和变革三者被视为彼此相依的整体而存在。

必须看到，将注意力聚焦在想要的事情上，而不是聚焦在如何消除不想要的事情上，无疑将会更有成效。这就要求我们在提出问题的时候，应尽量明确什么是我们想要的和喜爱的。就本质而言，欣赏型探究是一种机智提问的艺术与实践。这种提问既要与系统的理解能力和预期能力保持一致，又要有利于激发系统的积极潜能。欣赏型探究也是一种致力于发现系统的"积极内核"的探寻活动。这种"积极内核"就是系统在过去、现在和将来具有的旨在达成共同利益的合作能力。我们针对人类系统提出的种种问题，将会决定系统发展的方向。正如上面所谈及的那样，我们注意什么，什么就会增值。实际上，欣赏型探究的实际核心是：问题至关重要。试看下面这篇短文：

> 最近，我们与一位海军助理药剂师一起工作，他是病人在

看过医生和(或者)护士,然后拿到处方并离开诊所前见到的最后一个人。这位助理药剂师的工作就是按照处方为病人配药,并确认病人已懂得如何用药。正如他在故事里所讲的那样,作为一种要求,他最后的指示语总是这样说的:"请您在48小时内给我打电话,告诉我你的感觉如何(let me know how you are feeling),好吗?"根据他的记录,给予的反馈大概是好坏各一半。这也就是说,大约有一半的人会给他回电,抱怨他们的病情没有什么好转,甚至感觉更糟糕了。还有一半的人回电说他们的病情正在好转,或者感觉较之以前好了许多。

在对欣赏型探究有所了解后,他决定尝试采用一种新的询问形式,这就是:"请您在48小时内给我打电话,告诉我你是不是感觉好些了(tell me how well you are doing),好吗?"正是这种措辞上简单却极具力量的变化,使他数周后获得了一些令人惊异的结果:向他报告感觉越来越好并且药物正在产生积极疗效的患者比例一下上升到80%。

正是由于欣赏型探究为培植创新和变革提供了方法,它有利于将人们从传统的诊断与问题解决的假设中解放出来。欣赏型探究有选择性地致力于定位、凸显和阐释任何特定组织或人类系统中那些具有生命活力的特征。这种为旨在发现和系统阐

欣赏型探究：一种建设合作能力的积极方式
Appreciative Inquiry: A Positive Approach to Building Cooperative Capacity

释组织的生命活力特征——也就是当组织处于最佳运行状态时到底发生了什么——而做出的种种努力，通常比问题解决模式更能带来创新与能力提升。

在欣赏型探究中，人们假定积极因素原本就存在，只不过有待我们去发现而已。我们在开始探究之初就秉持这样的假设，即系统中已经存在富有活力、充满生机进而能够带来成功结果的因素和力量。这对于我们如何设计指向探索的问题具有启示。关于这一点，我们在本书的后面部分将予以阐释。如此一来，当"探究"一词被置于"欣赏"一词后面时，意味着我们在强调一种周密计划的、有使命感的、开放的和有目的的研究，旨在凸显我们在探寻那些最为珍视的富有生命活力的力量时不可或缺的彼此间的依赖与合作。总之，欣赏型探究是一种致力于学习的探索，相比而言，提出解决问题的方案对它来说并不重要。欣赏型探究将它的全部重点和核心关切放在探索这样一个问题上：是什么使得系统处于最佳运行状态，如何形成一个关于这一问题的新颖且为大家所共享的理解呢？

如果我们真正看到探究的力量，也就是所提的问题能够带来的巨大而重要的影响，我们就可能不再需要"欣赏"这个词了。我们在运用欣赏型探究开展工作的过程中，这样的事情在不断地发生着，那就是我们生活在一个由我们的问题创造的世界里。

第四章　欣赏型探究的推力：无条件的积极问题

请试试这样

下次你与家人一起用餐或者与朋友一起喝咖啡时，再不要问"你今天过得怎样"或者"最近如何"，而可以试着这样询问："你今天遇到的最好的一件事是什么？"你可以看看对话是否有所变化，你的感觉有何不同。

中性问题根本就不存在。

第五章

重新思考人类组织与变革

通过运用欣赏型探究来培养我们探索和聚焦成功、优势以及那些最具成效时刻的能力，具有两大显而易见的好处：

1. 我们从事的探究具有自我实现性：我们见证并创造了远比我们追寻的世界更多的东西；
2. 这种探究具有生成性：在增进人类共同努力获取某种成果的能力方面，探究提供了更多的希望与信心，也正因如此，我们应以探究的方式去做事。

正是在这种意义上，我们可以将欣赏型探究视为一种强有力的能力建设形式。欣赏型探究有助于我们看到过去具有的合作能力，并与之建立起一种联系。这种探究，通过帮助创建共享的、积极的和有吸引力的期望状态的意象，形成了一种集体的期盼。正是凭借这种期盼，人们在未来能够付出额外的、创新性的努力来致力于合作。这些有关未来的种种意象非常鼓舞人，它们能唤起人们共同行动或采取举措的愿望,进而促成他们共同努力一道迈向他们最为期盼的未来。

当人类系统按照一种欣赏性构架来运行的时候,就会形成一种绵延不绝的能力,即察看原初的潜能与各种重要可能性的能力。这种能力已远远超越传统术语中呈现出来的那些问题的边界。欣赏型探究秉持这样一种观念,即我们的生活样式乃是我们投放的集体性关注(collective attention)的功能。这也就是说,我们将这种集体性关注聚焦在哪里,哪里就会出现我们思考和行动的相应选择。如此一来,这就需要我们思考这样的一个问题:如果我们将注意力转移到人类系统中那些最具价值、充满生命活力和生机的方面,那将会发生什么呢?

欣赏型探究在全球不同层次的人类组织系统(家庭、团体、学校、商业机构、世界联盟)工作中的运用,不断揭示和有力支持了有关人类组织与变革的这个基本的积极的观念。在采用欣赏型探究的过程中,我们发现有六项原则最具吸引力,也最为有效。戴维·L. 库珀里德富有创意地阐释了前五项原则,而第六项原则是我们补充的。下面将介绍这些原则。

建构论原则: 因为我们能够言说,所以我们也能去创造

建构论原则(constructionist principle)源于社会建构论者肯尼思·J. 格根(Kenneth J. Gergen)[1]和西奥多·R. 萨宾(Theodore

---

[1] Gergen, K. J. (1997). *Realities and Relationships*. Cambridge: Harvard University Press.

欣赏型探究：一种建设合作能力的积极方式
Appreciative Inquiry: A Positive Approach to Building Cooperative Capacity

R. Sarbin)[①]的原创性著作。社会建构论思想认为，我们创造的这个被称为"真实"的世界，是由对话、符号、隐喻和故事这些语言创造出来的。语言并不只是发出声音，也不只是一些修饰方式或者传递某些信息的中介，还对指导人们如何构建这个世界方面具有重要影响。语言作为一种资源，能实际指导人们如何真正地"拥有"经历。在共同的对话中，我们创造了这个自己体验着的平常而真实的组织世界，并且我们正是通过运用那些可用的语言创造了这个世界。试想如果没有合适的语言来标识一个人的行为，那还有可能觉察出某人或是将某人视为"高成就者"吗？"高成就者"这个术语在某个世界500强的公司或者那些拥有工商管理硕士学位的人中也许具有意义，但对于那些社团成员或者参加教堂聚会的人来说，这个术语即使为他们所熟悉也没有太大用处。每个词汇都标识着某种特定的行为并将之合法化。试想如果没有一套完整的有关分类、隐喻和故事的网络系统，不能由此将相关的感受和意义注入特定的有价值的行为中去，那还有可能注意到团队工作和合作吗？

语言是在人际交流的背景下出现的。做出承诺、建立关系以及协商未来，都基于那些可资运用的语言，并扎根于那些成为对话焦点的主题。这也就是我们所说的"语言创造世界"（words create

---

① Sarbin, T. R. (ed.) (1986). *Narrative Psychology: The Storied Nature of Human Conduct*. New York: Praeger Publisher.

worlds)的含义所在。譬如,将某位组织成员称为"下属",这并不是一种中性的行为。① 语言构成了一套完整的术语与分类体系,这种术语与分类体系能够指导行为,并确定什么样的语言表达是合适的以及哪些语言表达是不合适的。这一套相关的术语包括等级制、指挥链、上司、操纵者,等等。正是在这种意义上,一个单一的字词从来就不是一个单一的字词,它与某种世界观具有内在的联系。由此,致力于社会体系中日常生活词汇的改变,能够带来潜在的、强有力的影响。

再如,某个组织曾做出这样一项决定:将全部雇员改称为"会员"(associates)。起初,这项决定看起来无足轻重,但是它引发的深远影响很快就会越来越彻底地显示出来,它促进了参与性决策的采用,推动了各种形式的车间民主的发展。② 当语言开始出现变化的时候,所有全新的可能便在眼前开启。而隐藏在语言之后的则是一种充满活力却又微妙的社会力量。

我们使用的语言引导了我们的注意力,甚至影响着我们对自身经历的解释。语言不是中性的:它们一直是人类关系的产物。这改变了我们通常思考语言的方式。我们交谈的方式、我们运用

---

① Cooperrider, D. L., Barrett, F., & Srivastva, S. (1995). Social Construction and Appreciative Inquiry: A Journey in Organizational Theory. In D. Hosking, P. Dachler, & K. J. Gergen (eds.), *Management and Organization: Relational Alternatives to Individualism*. Aldershot: Avebury Press.
② Gergen, K. J., McNamee, S., & F. Barrett (2001). Toward Transformational Dialogue. *International Journal of Public Administration*, 24.

的文字,作为一种工具,有助于我们在这个世界上的建构与生活。用维特根斯坦(Wittgenstein,1961)的话说就是,"我掌握的词汇的限度就是我拥有的世界的限度"。[①] 这意味着,当我们创造了新的故事,采用了新的隐喻和新的语言的时候,我们也在改变这个组织的结构。

我们需要思考,语言就是行动,语言就是做事的强有力的工具。这似乎是任何伟大的领导者与生俱来的一种洞察力。事实上,这或许也是他们的核心职责,即为组织成员界定或重新界定现实。在最近的一次访谈中,海军作战部部长、前海军将领弗农·克拉克(Vernon Clark)这样说道:"既然领导人要绘制愿景以吸引其他人参与进来,那么领导者采用的言辞就显得至关重要了。"

诗意性原则:一旦选择了探究话题,它就为行动开辟了新的视野

"诗意的、诗歌的"(poetic)一词来自希腊语"poesis",意指"制造或者创造"。欣赏型探究秉持这样的理念,即组织是开放式的、形成中的可能性网络,它对各种不同的观点持开放性的态度。简

[①] Wittgenstein, L. (1961). *Tractatus Logico-Philophicus*. D. F. Pears & B. F. McGuinness (trans.), New York: Humanities Press.

单地说，组织就像诗歌一样，是人类的发明。它能够被制造和再造，能够被创造和再创造。创造或者选择探究话题，能促进和推动组织的生长与发展。诗意性原则（peotic principle）意味着我们可以在任何组织中选择更多的不同的话题。譬如，我们可以选择关注或者研究压力、冲突、竞争或衰败的动态发展——或者，我们也可以选择调研希望、合作、竞争或者成长的动态发展。事实上，任何话题都可以成为谈论的对象。但重要的是必须看到，我们研究话题的这一行为，是一件非常重要的事情，就像大多数决定需要做出选择一样，应尽可能深思熟虑并具有目的性。诗意性原则提醒我们，大凡涉及态度选择的地方就必须保持警觉。这是因为，我们关注什么，什么就会获得发展和壮大。

为更深入的学习研究而大胆地选择话题，就是向前迈进了一大步。这一步具有生成性，能够挑战假设，并为行动提供了种种新的可能性。更明确地说，为进一步的探究而选择一个积极的、富有希望的话题，将有利于取代旧有的模式，中止那些理所当然的假设，激发探索，进而带动能力建设。下面就请看看戴维·L.库珀里德讲述的一个互动事例。他询问了一位世界500强公司的咨询师，这位咨询师正忙于如何减少性骚扰的官司问题。这位咨询师来自一个擅长处理性别冲突和多样化问题并受到高度认可的专家小组。过去的两年里，该小组一直在竭尽全力地帮助他们的顾客减少与性骚扰有关的种种抱怨与法律纠纷。据说，他们都承认这个问题变得越来越严重，于是就有了接

欣赏型探究：一种建设合作能力的积极方式
Appreciative Inquiry: A Positive Approach to Building Cooperative Capacity

下来的互动：①

戴维·L. 库珀里德：在给出我们的建议之前，有个重要的问题要问，那就是你希望通过这次干预，从中学习些什么？又想从中获取什么？还有，你想什么时候得到？

咨询师：我们想要彻底降低性骚扰的发生率。我们想要解决这一重大难题，或者至少能使性骚扰方面的问题显著减少。

戴维·L. 库珀里德：好的……但这就是你想要的全部吗？

咨询师：你的意思是说我真正想要看到的是什么吗？（长时间的暂停……然后她不假思索地给出了回答）我们真正想要看到的是新世纪组织的发展——一个工作场所内的高质量的超越性别关系的模型。

这个新话题——一个高质量的超越性别关系的模型——通常会邀请男女志愿者搭档来帮助公司研究和学习组织中男女间工作关系的最佳例子。通向参与合作的道路也就百步之遥。让我们来研究一下这个实验。另一家咨询公司（Marge Schiller & Associates）

---

① Cooperrider, D. L. & Whitney, D. (2000). A Positive Revolution in Change: Appreciative Inquiry. In D. L. Cooperrider, P. Sorensen, D. Whitney, & T. Yeager (eds.), *Appreciative Inquiry*. Champaign, IL: Stipes, 7 - 8.

在雅芳墨西哥公司（Avon-Mexico）也类似地将那些显而易见的问题转化成具有生成性意义的话题。它们介入进来的最终结果是，雅芳墨西哥公司的文化发生了巨大变化。雅芳墨西哥公司也因它是"这个国家女性的最佳工作场所"而获得1997年度的"妇女促进奖"。

组织世界本身什么也不是，它也没有规定什么是可以被研究的方面。这对实践的启示在于，我们研究什么——我们追问什么问题——理应为我们想要共同创造的这个世界的愿景所引导。

同步性原则：当我们追问的时候，我们就在（向着我们追问的方向）发生改变

探究是一种介入（intervention）。在我们追问出第一个问题时，变革的种子就已种下。从我们开始探讨某个话题的那刻起，我们就已经改变了这个"目标"环境。简言之，同步性原则（principle of simultaneity）强调，探究与变革并不是单独发生的两件事情。我们精心设计的问题引导了对话，塑造了人们想去发现和追求的东西，饱含着有关未来的某种意象或者期望。因此，如果我们询问组织成员有关组织中的创造性协作问题，那么我们也就在为"受访者"搭建平台，促使他们回忆这样的时刻，创造或者保持这样的对话来追忆这样的时刻，从而导向创造性协作并共享协作利益，等等。而且，正如我们前面讨论过的有关语言的作用那样，故事往往能使该组织成员产生共鸣。在离开了创造性协作的对话后,参与者会开始注意那些更利于合作的新的空间和可能性,会去回忆那些协作成功的时刻,或者开始注意那些以前未曾留意的作为协作邀请的姿态细节。简言之,这样的问题增进了对话网络的发展,同时也为积极关注大家期待的类型和行为创造了条件。

> 既然每一涉及社会话题的问题都始于对话,并且这种对话能够创造、维持或者改变其存在与做事的方式,那么就根本不存在什么"中性"的问题。

期望性原则:一旦我们期待,我们就在创造

期望性原则(anticipatory principle)始于一个看起来违反直觉的假设:如果你想改变当下的人类系统,第一步就是要改变未来。更明确地说,这个原则认为,改变人类系统的最强有力的工具,也许就是我们对于未来意象的有意规划。但是,你可能会问:这个有关未来的意象与我们现在的行为有什么关系呢?有关未来的集体意象(collective image)一旦投射在正在进行的对话和话语类别中,就会有力地引导当下的注意范围,而事情一旦这样发展下去,行为就会得以结构化。哲学家马丁·海德格尔(Martin Heidegger)概述了我们是如何创造并预期"前结构"(forestructures)的。[1] 我们总是事先

---

[1] Heidegger, M. (1927). *Being and Time*. New York: Harper and Row.

对自身的期盼进行筹划，正是这种期盼将通往未来的可能道路带到当下。我们预想未来，就像绘制地图一样绘制未来，然后，我们依此生活，仿佛未来正在发生。

未来学家埃莉斯·博尔丁（Elise Boulding）深谙未来意象的重要性，并告诫人们，技术取向的问题解决者的世界，正严重地削弱我们创建积极意象的能力。她坚持认为我们需要培养"意象素养"（image literacy），也就是发展有关未来的、饱含希望的和符合预想的意象能力。在这个技术成就战胜一切的时代，我们或许会盲目地认为，人类面临的每一次挑战都存在一个技术性的解决方案。当我们面对一些重大挑战的时候，我们会被动地等待一些专家来提供技术性的支持：联合国将通过资助一个委员会来解决世界饥饿问题；美国国会将建立一个委员会来调查9·11事件，并试图制定方案和政策阻止类似的恐怖事件再次发生；美国五角大楼的弹道导弹防御系统将保护我们免受来自其他国家发射的洲际弹道导弹的威胁。这种有关科技进步的信念造成的一个意想不到的后果，就是我们对自身想象力的放弃，以及对形塑一个创造性的解决方案的集体性能力的罢黜。

这种创造积极的和充满期待的未来意象的能力，是我们需要认识和努力发展的一项技能。体育心理学的研究成果业已表明，形成积极的意象是一种非常有用的工具。有关奥运会冠军和最佳职业运动员的研究发现，这些运动员均学习和掌握了一种想象自己表现远优于他们竞争对手的技能。恢复或是培养这种"意象素养"涉及认识的多种方式(不只是认知方式和逻辑方式),以及多种多样的不断增强的能力——我们的直觉、关爱能力,以及缔结关系的天性。埃莉斯·博尔丁担忧的是,我们正在丢失自身的这种意象素养,"也就是统合经验世界的内外部的各种元素的能力,并使我们充分运用各种感观来塑造新型'现实'(reality)的能力。儿童总是在做这样的事情,但是通常被斥为做白日梦,还会因此受到责罚。"①

有关未来的积极意象可以产生如此巨大的力量,以致能在细胞层次上引导我们。譬如,有关安慰剂效应的研究业已表明,有关健康与幸福的意象,对于促进治愈和康复中所必需的身体机能的释放有着重要作用。

积极性原则:当我们发现希望、快乐和关怀的那一刻,我们也在享受生成性的体验

积极性原则(positive principle)坚持认为,组织对于积极的意象和积极的语言总会做出积极的回应。这个原则的一个至关重要的方面,就是不能回避"积极"。在日常的人际关系、协商行为和协作活动的世界里,自诩情感和情绪没有也不应该卷入工作中,这看

---

① Boulding, E. (1988). *Building a Global Civic Culture*. Syracuse University: Syracuse Studies on Peace and Resolution Press.

第五章
重新思考人类组织与变革

起来有些荒谬。人本主义心理学业已表明,在建设和维持合作能力方面,积极关注和支持性情感发挥着重要作用。实际上,个人和组织都表现出"向日"(heliotropic)的属性,也就是说,它们倾向于朝着富有阳光或者生命资源的方向生长。朝着积极期待的意象生长,这意味着,将希望、快乐、激情以及其他的积极情感植入对话之中,已成为促进持续变革与长久健康的关键贡献因素(而不是无关紧要的副产品)。建设和维护变革的动能,离不开新的合作与结盟关系网络的支持。须知,只有在充满希望、兴奋和关爱的背景下,结盟关系才能获得健康发展。

简单地说,我们提出的问题越是不受条件约束,越是积极,就越有可能创造和保持一种生成性的对话,这对于合作能力建设来说非常重要。[①] 采用欣赏型探究推动变革的相关探索表明,当人们被问到那些充满活力和饱含希望的体验的时候,人们总是被深深打动并异常得投入。将那些饱含期待的未来意象与实际的经历结合起来,定会引人入胜、令人神往。一旦意象与经历相互共享,它们就能形成一种强有力的社会联系,由此深化合作、协作并促使我们"迈向光明"。

> 蕴藏于对话中的饱含希冀的意象,能集聚能量、调动意志和动员行动。积极的对话导致积极的行动。

[①] Ludema, J., Cooperrider, D. L., & Barrett, F. (2000). Appreciative Inquiry: The Power of the Unconditional Positive Question. In P. Reason & H. Bradbury (eds.), *Handbook of Action Research*. London: Sage Press.

叙事性原则：我们编织故事的过程，就是创造持续联系的过程

随着我们接触到越来越多的有关欣赏型探究的报告、案例研究以及各种故事，[①]这一点也变得越来越清晰，即分享以往最佳实践故事的行为，推动了强有力的互动，加强了合作与确保变革愿望间的联系。这是我们下一章要着力探讨的主题。叙事性原则（narrative principle）认为，故事的力量表现在它乃是变革的催化剂。[②] 通常，一旦组织成员分享了他们的高峰体验或者具有重大意义的时刻，叙事就被烙上承载文化意义的神圣故事的特征。当然，我们这样说，并不是从严格的宗教意义上来理解"神圣"的，而是指组织成员在彼此讲述故事的时候，表现出强烈的重视、专注和坚持。只要允许和需要，这些故事就能作为强有力的资源加以运用。

正如各个年龄段的孩子所知道的那样，那些很好的故事总是蕴藏着某种神奇的魔力。听故事与讲述故事通常能加深我们对于事物的理解。我们总是高度关注好的故事；这些故事总是能在我们弄懂为何会被它们感动之前，将我们深深地打动；它们也能在我们做出防御之前有力地影响我们。它们生成了我们的希望、冀盼

[①] Fry, R., Barrett, F., Seiling, J., & Whitney, D. (eds.) (2000). *Appreciative Inquiry and Transformation: Reports from the Field*. Westport, CT: Quorum.

[②] Sarbin, T. R. (ed.) (1986). *Narrative Psychology: The Storied Nature of Human Conduct*. New York: Praeger Publisher.

和恐惧。故事也经常提醒我们注意我们所拥有的那些最重要的价值。故事并不是一些清单或是挂在墙上的招牌,它深刻地标明了它持有的价值观、一些重大的转折点以及种种神奇的表现,为文化的生长提供温床。而文化越是强盛,企业就会越长久和越成功。[①]

故事提供了连贯性。而有意义的生活的中心问题,乃是确保进展和方向的一致。离开了故事,生活就成为一种偶然,变成互不相关的孤立事件。须知,与其说过去、现在和将来是互不相连的单独阶段,毋宁说它们是依次呈现的对应于故事的开始、中途和结束进程中的一个部分。正是凭借故事,我们才使得自己的生活具有了意义,也使得彼此的生活具有了意义。分享故事也能建立起相互间的联系。正是在参与故事的过程中,我们与他人建立起联系,并借此相互学习。

> **请试试这样**
>
> 组织和人类系统都是一种正在进行的故事。所有人都是日常生活中那些特殊故事的共同创作者。离开了故事,人类系统中的任何事件都将失去意义。建议你在主持或者参加下一次会议的时候,用开始的10分钟让大家分享自上次会议以来遇到的最具积极体验的故事。采用这种方式,你会发现一种令人惊讶的变化,在接下来的会议议程中,你的团队将会积极地投身于工作。

[①] Collins, J. & Porras, J. I. (1994). *Built To Last: Successful Habits of Visionary Companies*. New York: Harper Business.

第六章

欣赏型探究的流程：阶段及活动

本章将更详细地探讨如何借助欣赏型探究来促进合作能力建设的实践，具体描述组织运用欣赏型探究经历的阶段和开展的活动。首先，我们必须强调欣赏型探究围绕如下两个基本问题展开：

1. 在特定背景下，什么使你的战略主题或议题成为可能？
2. 存在哪些显性的抑或潜在的可能性，可以保证战略主题或议题将来做得更好？

正如前面讨论的那样，第一个问题使得欣赏型探究独特而重要。你可以将任何性质的能力建设主题、机会或者议题，作为你的战略主题或议题。欣赏型探究有助于组织更好地学习并最终推动组织的发展。"能力建设主题"的范围包括从追求最优利润到卓越的团队合作，从各个层级的领导到非凡的运送货物经验的获得，从

第六章
欣赏型探究的流程：阶段及活动

创新突破的实现到信息优势的提供，从基于儿童利益设定目标从而改变世界，到把商业作为世界利益代理人经营。请记住那些有关诗意性原则的讨论，人们可将欣赏型探究运用于任何题材，只要那些题材与战略相关并具有吸引力，而这正是关键所在。

上述第一个问题背离传统思维。该问题认为，组织或者系统过去就已经具有维持其存在的卓越的合作能力。为什么呼吁要从过去进行变革而迈向未来呢？事实上，很多人可能会认同通用电气公司杰克·韦尔奇（Jack Welch）的说法："昨天已经过去，要向过去学习，由此继续前进。"[①] 但是在我们看来，正是这种"继续前进"的追求，使得我们几乎忽视了向过去学习。召集那些最优秀最聪明的人做战略规划或者愿景设计，也就意味着邀请他们开始进入上述第二个问题。由于鼓励他们跳出框框思考，他们为未来场景提出了许多观点，只是这些观点仍是对现状合乎逻辑的、渐进式的扩展。绝大多数真正大胆的观点都是自我审查式（self-censored）的，因为它们记忆中承载的历史是一种很典型的制约因素和稀缺资源，而早先提及的一些大胆观点，已被团体中的另外一些人驳倒。总之，不论是什么原因，正是这种具有局限的历史观引导着这些观念的形成。

通过首先询问"关于最好的过去"这个问题，我们再一次与那

---

① Video (1993). *Speed, Simplicity and Self-Confidence: Jack Welch Speaks with Warren Bennis*.

欣赏型探究：一种建设合作能力的积极方式
Appreciative Inquiry: A Positive Approach to Building Cooperative Capacity

些历史时刻关联起来。凭借有指导的探究，那些历史时刻显现的过程、包含的因素以及行为能使系统做出了不起的事情。我们将这些事情称为"积极核心"(positive core)。随着人们逐渐地接纳"积极核心"这一观念，有关未来可能性的梦想和观点（第二个问题）也变得越来越大胆，越来越多样，越来越非同寻常。所以，正是凭借这两个基本问题，欣赏型探究带来了一种方向上的根本转变，即与绝大多数战略规划进程具有的那种渐进式趋向区别开来。

欣赏型探究的流程可被看成由四个阶段[1]或者活动周期构成的完整循环，即图2所示的发现(Discovery)、梦想(Dream)、设计(Design)和实施(Destiny)，简称"4D"。尽管这个示意图对欣赏型探究的过程给出了最为通用的解释，但是牢记欣赏型探究是一个动态的过程仍然至关重要。要知道，4D只是代表着一些具有一定目的的不同活动和对话，这些活动与对话均与一个确定的探究主题(affirmative inquiry topic)紧密联系在一起（有关主题定义的更多内容请参见第七章）。这个示意图的线性关系不能被误读为人人都必须遵循的一个强制路线。

构成4D的每一个环节，都代表着一种重点突出的、以任务为导向的、协同合作的对话，它们对于欣赏型探究而言均是不可或缺的。无论是对教练组、工作团队、合并的两部门或整个组织来说，

---

[1] Cooperrider, D. L. & Whitney, D. (1999). *Collaborating for Change: Appreciative Inquiry*. San Francisco: Berrrtt-Koehler.

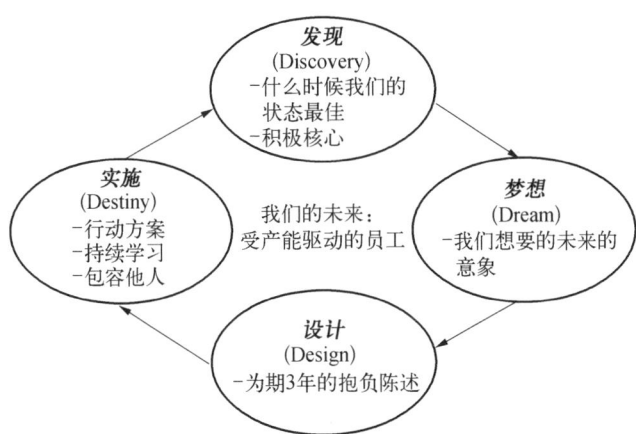

图2　4D流程：来自陆路快运公司阿克伦集散站举行的峰会

又或是对于组织协会或者选民协会来说，均是如此。欣赏型探究并不只是给予正反馈，也不只是讲讲故事，更不只是想象一下未来，当然也不只是思考和交流一下何谓对或者何谓好。欣赏型探究乃是一种井然有序的运行艺术，它是不同人群之间进行的对话、反思、分析和想象。

正如前面谈到的那样，最近与欣赏型探究有关的最令人振奋的工作，是与大型团体或者"全系统"（whole system）相关的峰会联系在一起的。请记住，4D可以用于团体，也可以用于团体内部的小组。在本章剩余部分，我们将邀请你看看在一个欣赏型探究的峰会背景下，这些阶段是如何进行的。在这次峰会上，众多不同的利益相关者聚集在一起，他们谈论着一些战略性机遇，目的是代表全系统的利益，通过提升合作能力来实施一些积极变革的措施。

欣赏型探究：一种建设合作能力的积极方式
Appreciative Inquiry: A Positive Approach to Building Cooperative Capacity

本章的其余部分将会以实例的形式向你展示这一过程，该实例说明了团体是如何沿着这条道路开展工作的，以及取得了什么成效。我们所采用的一个具体实例是，陆路快运公司运用欣赏型探究进行的一次规模巨大的、集合了多方利益相关者的团体峰会。我们可以参照附录来看不同的环节。附录收集了参与者在那个背景中实际使用的工作表和任务准则。

发现

发现阶段集中探究过去那些最好的方面。这乃是欣赏型探究在探究层面上最为重要的地方，也是变革型学习（transformational learning）之旅开始的地方。问题总是在有意安排下以这样的方式来追问，即征询组织因素处于最佳状态、最有效率和最为流行时的那些故事和经历。一旦选择积极话题，诸如变革型协作（transformational collaboration）或者赋权式领导（empowering leadership），人们便可以分享和探讨那些高峰体验的故事，从中探寻深刻的意义或者教训。无论是讲故事的还是听故事的，都能挖掘那些内在的因素，从而使问题的主题变得更加生动鲜活起来。在活动开始的时候，故事的讲述至关重要。正如第四章（参见叙事性原则）所描述的那样，在这个过程中，故事讲述为所有人提供了表达的机会，使人们搁置评估与批评，更加重视彼此的回应。

开始发现。发现过程始于参与者彼此交谈时能以欣赏的态度来聚焦问题。在对话过程中,那些令人惊讶的、催人奋进的甚至饱含生命激情的、具有标志性意义的成就和经历,能通过各种各样的优势故事显现出来。而且,欣赏型探究坚持一个基本规则,即鼓励人们更深入地探究对方的故事,挖掘故事中潜藏的成功因素。这就是欣赏型探究中最为重要的探究所在。倾听者经常获得这样的提示,要努力"开采别人故事中的金矿"。

之后,在小组范围内,每对交谈者将自己的发现与他人分享,以寻找故事集合中包含的最普遍、最具生命力的因素。伴随着导向成功的根本原因的显现,"积极核心"或者"成功的DNA"也就被揭示出来。这种发现活动的结果或者产物,就体现在弄清楚该系统(或者团队、分部、个人)具有的关键优势上,体现在增进系统向成员赋权、进一步加强团队合作,以及获取最大利益(不论这个组织试图学习的更多主题是什么)的诸种能力上。

例如,在陆路快运公司①阿克伦集散站(代号211)就存在一个(正如其公司领导所强调的那样)反复出现的问题——产能:对运来的货物进行卸载、分类、重装和运出集散站等过程需要的时间。在那些小额利润的货运业务中,每浪费15分钟,就等于损失一次货运的收益。公司管理层已将产能问题作为陆路快运集散站需要面对的主题。在一个由集散站经理、监督员、工会成员(货车司

---

① 2003年经过合并,如今已成为黄色陆路公司(Yellow-Roadway)的一个部门。

机)、办事员、驾驶员、码头工人、销售代表和部门主管等13位成员组成的地方团队中,他们聚集在一起,开始讨论这个主题,以便开展一个欣赏型探究的学习流程。情况从一开始就很清楚:只要管理层打算召集任意一组雇员来讨论产能问题,他们就会在尝试运用另一种"加速"策略时遭到怀疑和抵制。只有当产能达到最为理想的结果,也只有当雇员个人在现场力所能及地作了一些加快货运的努力时,团体才可能形成共享时间的故事。他们辛苦工作了半天,最后并被问道:"欣赏型探究过程中,怎样的目的表述或主题最能激发你的员工或者管理人员呢?什么最能激发他们的好奇心并能最终创造一个你真正期待的未来呢?"正是基于产能,他们在一个新的主题陈述上达成共识:

员工只有受到产能的驱动才能最终取胜:

通过提供最快的速度,释放员工的自豪感和增强他们的参与度来战胜那些非联盟性的竞争。

将欣赏型访谈运用于整个系统。 关于这一话题,"发现"是从180多人聚集在一个酒店舞厅进行长达三天的活动开始的(详见附录),人员包括工会、管理层、司机、码头工人、叉车操纵员、办事员、督导员、销售人员、客户代理人及客户的代表。他们被打乱后混合配对,这样做的目的就在于司机可以访谈码头工人,叉车操纵员可以访谈销售人员,等等。他们需要就以下问题互相进行访谈

(参见附录,有关访谈对话):

员工只有受到产能的驱动才能最终取胜

产能代表着我们能够运用自有的设备处理货物的速度。当我们加快了从分拣到通过 211 集散站、穿过码头及到达路面的整个货物处理流程,我们就能赢得 1—2 天的市场。**系统提速……这正是我们所需要的**。如果我们能获得最大的产能,我们就能战胜那些非联盟性的地区运营商,赢得市场的主导权。

问题一:请回想你工作过程中可以被称为"最佳状态"的某一时刻……那是你记忆中让你具有一种强烈的自豪感、兴奋感或者卷入感,让你成为极有意义的事情中的一部分的那个经历或者时刻……回想那个让你切实体会到自己真正做了有益于同事、客户或组织的事情的时刻。

请描述这样的经历:到底发生了什么?都涉及哪些人?是什么使它如此难以忘怀?

问题二:请告诉我,你认为 211 集散站的产能(速度)处于最优的一次,或者你某一次为了满足客户需要,运用有关设备将货物快速地送达最终目的地的经历。

讲述究竟发生了什么故事——谁参与了进来?到底发生了什么?

你做了什么呢?你觉得自己在参与整个故事的过程中哪

欣赏型探究：一种建设合作能力的积极方式
Appreciative Inquiry: A Positive Approach to Building Cooperative Capacity

一点最有价值？

在那个故事中，你觉得其他人作出的什么贡献最具价值呢？

引出故事。这些问题引出许多积极的故事。① 它们提供了一个舞台，使参与者开展梦想或想象，试想，如果访谈中分享的那些故事更多一点，整个机构会是什么样子。这些故事包括：码头工人在无人监管的情况下自发组织起来处理故障或突发危机；司机指导和帮助客户提前备好货物和使之更易装载；监督人员在码头以建立团队归属感的方式联系工会成员；人们超越他们的工作职责去帮忙，因为这是值得做的正确的事；资深的工会成员教导和帮助年轻的成员更有效率地工作（详见附录）。

总之，围绕确定的战略性主题，发现阶段邀请参与者反思"过去那些最好的方面"（best of the past），然后慎重审查这些故事中包含的促成最好方面的各种因素、推动力量和条件。概括起来说，正是这些富有活力的要素，成为进一步建设合作能力的"积极核心"或者优势。

梦想

那些最好的方面一旦被揭示，对话就会自然地转向构想新的

---

① 对于这些欣赏型探究提出的问题，通常存在一个基本的提问格式。如要获得更多的指导，请见：Cooperrider, D. L., Whitney, D., & Stavros, J. M. (2003). *The Appreciative Inquiry Handbook*. Bedford Hts. Ohio: Lakeshore Publishers.

可能性。那种伴随着梦想所期待未来的能力建设,总是离不开指向冀盼未来状态的那种积极意象的激情思考(passionate thinking)。牢记系统中业已存在的那些关键优势后(来自前面发现工作所描述的),梦想阶段就将当前具有的可能性拓展到"所有能够想象到的存在",进而形成我们真正期盼的那种有关理想状态的意象。此外,问题或者对话的发起方式在这里也至关重要。我们不需要问"我们未来应该做什么",甚或"你最期盼的将来是什么",而是征询一段故事或者叙事。一个启发想象或者梦想的典型问题是这样的:请一位参与者想象自己刚从一段长时间的睡眠中醒来正要开始工作,发现一个奇迹发生了——一切都如所希望的那样。参与者被邀请讲述他看到了什么,发生了什么,和谁在一起,等等——就好像他们正生活在那个未来世界一样。这样做的目的在于,引出一些意象和故事——这些意象和故事向其他人开放,请他们来增写或者补充——而不是提供一些清单或者意见。参与者常常被鼓励,运用短剧、歌曲或者诗词等形式展现他们有关理想未来的意象,以防会议落入俗套:分享长串的清单、要点和观点,邀请人们进行评价或者批判。

例如,在陆路快运公司的211集散站(前文给出的例子),参与者被要求从下面这个问题[①]构想一种理想的未来状态:

[①] 对于这些欣赏型探究提出的问题,通常存在一个基本的提问格式。如要获得更多的指导,请见:Cooperrider, D. L., Whitney, D., & Stavros, J. M. (2003). *The Appreciative Inquiry Handbook*. Bedford Hts. Ohio: Lakeshore Publishers.

欣赏型探究：一种建设合作能力的积极方式
Appreciative Inquiry: A Positive Approach to Building Cooperative Capacity

问题：明天的现实。想象一下你从深度睡眠中醒来，三年已经过去了。陆路快运公司控制了市场中所有非联盟性的地区运营商！华尔街正热议着陆路快运公司在地方市场中取得的巨大成功。《交通话题》(Transport Topics)上的一些文章描述了陆路快运公司如何通过培养员工的自豪感和推动员工的参与显著提升了阿克伦集散站(简称211集散站)的运送速度的案例。正是依靠这个强大而又不失灵活的系统，陆路快运公司阿克伦集散站在降低成本的同时又极大地提升了客户服务水平和员工满意度，成了一个标杆。对于客户而言，将1—2天的区域性生意交给阿克伦集散站是必不可少的；而对职员来说，阿克伦集散站成为他们最满意的工作场所。

到底是什么原因导致这一成功呢？

在促成这一成功的过程中，你发挥了什么作用呢？

在促成陆路快运公司阿克伦集散站取得和维持这种成功的过程中，你会表达哪三种期望呢？

选择共同要素。在陆路快运公司举行的一次峰会上，这些问题引发了一系列创新性的意象和故事。通过分享这些意象和故事，交流小组从各种对理想未来的意象中精选出最具共性的要素(见附录)。接着，他们创造了一种极有新意的方式，以表达他们对于理想未来的共同愿景的某些方面。其中,一个小组创作了一部短剧,表现了一个班次走出正门并与正进入的新班次"击掌交流"(high fiving)(也就是拍手)的场景。另一小组通过展示与一个新客户的模拟会谈,判断他们是否认同陆路快运公司的价值观,以及他们能否成为"意向"客户。有一部短剧,讲述了一位驾驶员通过在客户的码头港口为客户提供服务而拓展了新的业务。另一部短剧,则描绘了一名工会成员通过电子信息亭获取利益和调度信息的情况。还有报告呈现了一组码头工人在开始本班次工作之前,通过一种站立的晨会,交流当日任务的优先次序安排。

梦想阶段的结果或产物就是要阐明构成理想未来的那些最为共通的要素。梦想阶段常常提供了一种有关机会与观念变革的视觉地图。而这种视觉地图基于人们从那些颇具创意的短剧和对梦想问题的研讨中看到或听到的理想意象(见附录)。

在这个陆路快运公司的实例中,共有大约 180 名参与者分为 8 桌进行讨论,共提出 67 个变革创意,以促成他们彼此分享和描述的理想意象及意愿的达成。这些创意是在这样的过程中形成的:将一个麦克风在各组间传递,每桌轮流,从他们头三个有关变革的创意或机会中选出一个,说出来。这些观念只要说了出来,就会被记录在一个大白板或者活动挂图上(将那些确定的主题写在白板的中心位置,并按照口述的先后以圆周的形式依次向外填写)。大致在各桌之间经过 2—3 轮的循环,每个人的观念都已表达出来,然后就采用"贴星星"的方式,邀请他们选出他们认为最有吸引力、最具追求价值的三个创意或者机会。下面记述的就是那些获得最多投票的系列创意。

陆路快运公司机遇图摘要

- 早些做好货运准备（在驾驶员和码头工作之间搞好协调，以便更好地预测本地货运到达和周转的时间）；

- 利益相关人全部参与（在班次开始前及时沟通交流，弄清楚工作的先后顺序、前一班次遗留的问题，以及员工关心的事务等）；

- 缩小差距：提供招标流程（定期为公司成员提供机会，"竞标"他们喜欢的工作角色和班次）；

- 缩小差距：提高出勤率（减少临时请假或无故缺席的情况）；

- 缩小差距：增进积极的自豪感（通过改进上下级关系形成自豪感和尊重感）；

- 强化教育和提升员工的经验（用公司的老员工指导更多的年轻员工，提升对整个组织成功的责任感，组织获得成功之后可为大家提供一个更加健全也更具可持续性的养老金制度）；

- 测量、技术、程序和设备（利用技术来提高速度和产能）。

总而言之，梦想阶段邀请参与者利用源自发现阶段的知识和有关未来可能性的激情，充分想象那种理想未来的图景。在发现阶段进行的访谈，激发了人们试图弄清楚那些更加大胆的可能性的愿望，这是因为关乎整个系统能力的自信因素得到了有效提升。有关理想意象的共享常常是4D流程中最快乐、最令人兴奋和最具有活力的部分。参与者们常常会为那些出现在他们视野中的相似主题感到惊讶。最后，通过头脑风暴，所有的可能行为、变革措施或者机遇，都通通被体现在共享的梦想中，而正是这种共同的梦想，促使参与者准备进入到更加实际的设计或者行为规划阶段。

设计

在梦想阶段，人们展望了一些新的维度、成果和结果。而设计阶段要突出的问题是：什么样的组织形式、政策和结构可以保证必需的合作能力，从而促使这些想象的成果和最高愿望能够实现呢？可以这样说，梦想阶段与建筑学领域的一些概念是相通的。大凡参与过工程项目的人都知道设计的重要性，大凡与优秀建筑师一起工作过的人也都体验过那种因好的设计使得梦想得以实现而带来的兴奋。设计是为指导结构的建立创建基础的活动。恰如建筑师将结构设计看作标准和界限，以利于各种活动的开展一样，大凡一项变革项目，其设计阶段最为关键的结构要素，如领导力、奖励制度等，乃在于形成相应的原则和建议方案，这是构成项目实施和活动开展的基础。

欣赏型探究：一种建设合作能力的积极方式
Appreciative Inquiry: A Positive Approach to Building Cooperative Capacity

变革性行为。设计阶段开始从前面的故事、梦想、观念和情感转向行动和项目。这里特别重要的是，欣赏型探究的参与者从梦想阶段中选择了最吸引他们的观念和意象，它们是如此迷人，以致他们都想亲自将这些观念和意象变成现实。在 4D 流程的这一阶段，参与者倾向于将组织系统视为一个综合的整体。由于参与者在这种多样化的小组中彼此联结，因此他们并不只是满足于狭隘地大声说出自己个人的兴趣。同时，基于发现阶段和梦想阶段的工作，越来越多的共同线索和因素被揭示出来，对话便进入到全系统的层面。在设计阶段，参与者需要对什么是优先考虑的组织形式，以及哪些是能支撑理想未来或者分享相应机遇的关键结构要素等问题展开对话。

有关设计的两种方式。我们经常采用两种方式来进行设计工作。第一种方式聚焦这样的问题：怎样建立或者转变正式组织因素，才能支持我们的观念，并使我们的共同梦想蓬勃发展？在此，我们鼓励成员考虑结构性的机制，从而指导和形成行动。有时，我们也采用组织模型，譬如麦肯锡 7S 模型（McKinsey 7S model）——我们如何设计和形成上一级目标（super-ordinate goals）、系统（systems）、战略（strategies）、结构（structure）、管理风格（styles of management）、人员配备（staffing）和技能（skills），从而创建我们想要的未来？其他一些需要考虑的领域，可能源自发现阶段的积极核心：教育和培训、领导风格、文化、工作流程与职业设计、信息系统，等等。

事例一：美国环境保护署研究分部采用欣赏型探究流程，吸引了近400名研究人员设计他们的未来。他们被邀请从事的设计领域主要包括以下方面。

教育和培训	奖励和认可措施
领导风格和文化	决策程序
员工/人员/关系	有关人的信念
对权力和权威的信念	沟通
工作流程与职业设计	招聘活动
职业结构与激励机制	个人生活与职业生活的平衡
组织结构信息	系统与技术
利益相关人之间的关系	规划方法
信息系统	

参与者被分成小组，并被指派到上述的某一个具体领域，以便形成更加具体明确的志向和抱负。为了使组织的这一部分工作得以结构化，便于管理和设计，又或使之与源自梦想阶段的共同主题高度的吻合，参与者需要设计相应的原则或者提出具有挑战性的建议（provocative propositions）。

有关设计的第二种方式，是请参与者直接从梦想阶段表达出来的愿景和意象出发，提出一些可能的变革措施、机会或者具有可行性的创意：什么样的项目、措施或者变革能最大限度地支持我

欣赏型探究：一种建设合作能力的积极方式
Appreciative Inquiry: A Positive Approach to Building Cooperative Capacity

们有关理想未来的共同愿景呢？

事例二：这个例子取材于上文的陆路快运公司机遇图摘要（见梦想部分）。请回想一下，由 180 名参与者在欣赏型探究活动中提出的 67 种变革创意，将有助于实现他们在梦想阶段展现出来的未来追求；然后他们被要求表明立场，要为变革创意进行投票，要让每个人都明确对于组织的下一步来说，哪些变革创意最为重要。每个人都有三个用于投票的"星星"，可以将"星星"贴在自己最想通过努力使之成为现实的变革观念或机遇旁边。投票选出了七个优先发展的领域；然后围绕那些最想帮助实现的优先领域，他们又自发组成了一些小组。他们"用脚投票"，向他们最想获得的机遇和最想实现的变革创意方向努力。需要指出的是，这些新组成的小组仍然是混合的小组，代表现场不同利益相关者的声音（例如管理层、工会、销售部、人事办公室、客户）。每一个新建小组在开始设计行动方案之前，都有一次要求更多特别的利益相关者加盟的机会。

挑战性建议（或抱负陈述）。无论采取哪一种方法，该阶段最重要的工作乃是确定有关变革的优先发展领域，形成相应的具有挑战性的建议或者抱负陈述，从而描述所期待的"应然意义"(should be)上的组织的不同方面。**挑战性建议，是指那些具有张力和难度的大胆声明**；它们能够引发想象力，进而思考组织的积极核心，就好像这些积极核心早已存在并充满活力一样。这些陈述是很令人鼓舞的。它们申明了最大的愿望，表明了最基本的信念（正如《独立宣言》所说："我们坚信这些真理是不言自明的……"），并且都用现在时态来书写，就好像它们正在发生一样（参见附录）。这些陈述或者建议之所以非常关键，乃是因为它们能够发挥指导甚至激励信条的作用，有利于将系统目前的合作能力提升到一个新的高度，从而实现系统共同期待的目标。

有关挑战性建议的一些事例。 第一个是我们一直跟踪的陆路快运公司的事例。一个自我组建起来的团队，选择了按照"早些做好货运准备"的变革创意开展工作，并提出了以下的抱负陈述：

> 陆路快运公司成为世界上排名第一的运输供应商，是因为我们提供了卓越的产能服务。"团队—销售"是极具感染力的。在谋求公司的成功过程中，每位雇员都是利益相关人。而客户则很荣幸地拥有211关口[地方现场名称]的雇员来为他们办理业务。确保所有客户都能联系上工作小组乃是我们取得成功的关键要素。他们被认为是全球训练最有素的、最具有抱负水平的销售团队。

竞争中没有永远的领先者！

另一个是来自美国海军的事例。在一个致力于推动"各个层次领导者"的成长和提升的欣赏型探究讨论会上，一个由多方利益

欣赏型探究：一种建设合作能力的积极方式
Appreciative Inquiry: A Positive Approach to Building Cooperative Capacity

相关者自我组建的小组，形成如下挑战性建议。

> 海军的学习和发展：
> 教育和培训是海军部队卓越的授权文化的基石。我们要培养的领导力，表现在鼓励、挑战和支持所有组织成员发展他们个人的和专业的可持续学习能力。海军部队创造了一种终身培训和教育的机会，从而增强成员的目的感、方向性和持续成长。相应地，这又增强人们的力量和自信，使之能够全力实现其个人的和专业的潜能。

这一阶段的对话，目的在于促使参与者寻找和发现共识，并最终达成一种陈述上的统一。譬如："是的，这是一个我们重视并且应该追求的特定理想或者项目成果。"个人愿望——基于一种积极的、预期的意象或者抱负——最终转变为集体承诺。

在这种意义上，设计与我们认为的做决策的方式很不相同。从传统的角度，我们把决策看成是理性的、"现实的"，也正是在这种意义上，它凸显了"事物的本来样态"。而设计方式在这里意味着一种更加宽广的视角，它邀请参与者思考怎样创造一种空间和结构，从而能够更好地包容创新的参与和允许生成性行为（generative action）的出现。

这一阶段设想和计划的种种行为，与实施阶段（见下文）谈及的行为，都是自我组织起来的——小组担负起组织行为的责任和任务。这些小组都是自我选择的、多功能的,也是由多方利益相关者构成的,他们对自身的工作负有责任。他们的对话总是在不断变化,因为他们已超出会议的要求,一直致力于共同发现和选择什么是他们将要做的,并试图将挑战性建议变成真正的现实。

总之,我们越来越明白,在制造组织未来长期差异的过程中,设计阶段是其中一个极其重要的环节。我们讨论了该阶段的一些大胆建议,如:调整职业结构;修订报酬分配方式;为那些包容性决策的制定开设新的论坛;为开拓新市场、推出新业务、创新收入方式,以及消除变革阻碍制定新的政策和战略;为每位成员打开这本"书",从而使他们都能自主地行动,都能重新设计供应链以加快产品供应的速度。实际上,在这一设计活动中(和接下来的实施阶段),参与者被引入一个新的组织世界——现在,这个世界不再是以抽象的方式开展规划活动,也不再是只谈论以后别人应该怎么做。所有人都将见证合作能力的提升。

实施

实施阶段的目标在于凭借所期待行为或结果的"蓝图",来确保共同梦想的实现。为此,欣赏型探究的参与者有必要为接下来的相应步骤制定具体的行动计划,拟订方案和分配角色。他们也要考虑如何在变革创新方面扩大参与度的问题。对有些人而言,虽然目前尚未进入这些变革创新之中,但他们无疑是与之相关的,又或者这些人拥有与正在开展的话题或变革相关的专业知识。那些在设计阶段形成抱负陈述或者挑战性建议的活动小组,通常会利用一个共用的模板来呈现实施计划(参见附录):

示例:在我们一直跟踪研究的陆路快运公司的案例中,它们制定和实施的行动计划主要有以下几项。

- 在每个班组工作开始之时,监管人员和码头工人协同工作,以试验短信交流的效果,这个试验通常会吸引更多的公司成员加入并引发讨论(因此,这也促使码头工人开展了一次重大的结构重组,他们变成自我管理的"区域团队",而监管人员则扮演着顾问和教练的角色)。
- 将当地的接送货(P&D)司机组织起来,使他们有能力从那些经常打交道的老顾客那里接到新的、临时通知的业务,由此一来,他们也就不知不觉地成为客户销售代表团队中的一员(现在,这些司机有了销售助理的头衔,而不再是接送货司机了)。
- 在码头试点建立电子信息亭,方便员工获取津贴、日程安排和通告等方面的信息。
- 一些试验性的指导方案,包括邀请老员工来指导新员工或者年轻员工,从而降低旷工现象。
- 建立交叉职能团队(cross-functional team),从而降低或者重塑标准,并且要在产能监控的关键指标方面提供相应的培训机会。
- 建立公司管理团队,以便重新设计流程,及时处理紧急事件或者没被公布的缺勤和警告。

除了这些具体的合作性措施之外,还有一些组织层面的能力建设问题也值得关注。其中有一个例子,司机希望能在驾驶室安装空调,能有权在闷热的天气里选择是否穿短袖,在过去,按照公司规定这些是被禁止的,而且这个要求根本不会被考虑。管理方会以成本和顾客关系为由,当即表示"不行",同时会暗自认为,这是员工的自私和对公司福祉缺乏关心的表现。而在欣赏型探究的流程中,以下这段对话则表现出一种完全不同的形式,值得注意。管理者是这样问的:"如果安装空调能提升员工的产能,那么我们要如何共同努力提高利润,以便有资金装备更好的驾驶室呢?"他们当场表示同意,要修改公司政策,以弥补不足。在欣赏型探究的流程中,当相似的问题再次出现在陆路快运公司的另一个集散站时,公司意识到有必要让每个人都懂得利润是如何创造的,每份工作是如何创造收益和占用成本的,从而使每个人都能清楚地认识到,无故缺勤等行为会增加额外成本,对利润、养老金和客户服务造成负面影响。为了让公司每位员工都懂得这些财务工作,他们实施了一种制度化的教育和培训。

在这个特定的案例中,陆路快运公司阿克伦集散站承诺在6个月之内要举行一次后续会议,会议成员包括每个行动团队的一

欣赏型探究：一种建设合作能力的积极方式
Appreciative Inquiry: A Positive Approach to Building Cooperative Capacity

半成员和数量相等的来自不同职能部门的最初无法（或者那时不愿意）参加欣赏型探究流程的员工。在举行这次后续会议的时候，公司已取得如下成果：

> 陆路快运公司在欣赏型探究峰会六个月后取得的成果：
> - 平均产能从47%提高到64%
> - 平均运输耗时从2.3天缩减到2.1天
> - 平均生产效率从59%提高到64%
> - 0500货运调度百分比从16%提高到27%
> - 来自正式申诉渠道的诉求显著降低

陆路快运公司欣赏型探究的4D循环与能力建设

在过去的四年里，陆路快运公司（现称为Yellow-Roadway）已经实施超过60个欣赏型探究项目，超过10 000名公司员工参与了这些项目。在此期间，组织绩效得到了改善，公司管理文化也向真正的伙伴关系转变，具体如下：
- 被《快公司》杂志专题报道；
- 有一个站点接收到的投诉从300件降低到0；
- 强有力的产品创新；
- 在经济衰退年份，股票价格升值超过一倍；
- 领导和监督的新文化：在每个层面都发展和培养领导者；

> - 与美铝公司、波音、思科、哈雷-戴维森及美国海军建立了牢固的学习伙伴关系;
> - 所有员工都受到培训,并被告知每项工作将如何影响利润和服务质量。

学习动力不断增强。在实施阶段,由多方利益相关人推动的组织变化,相比那种预先规定的计划、甘特图表(Gant Chart)、被精心包装或设计的流程图来说,是一种更为自发的、自我组织的运动。对于所有的参与者来说,动力的作用是显而易见的,而且关注点很自然地转向当参与者返回"正常的"工作岗位时这种能量和焦点如何保持下去这一问题上。维持这种学习"运动"的关键在于全力聚焦这样一个问题:"我们怎样才能形成一个更具欣赏性的学习文化呢?"[1]

一些特定的对话被用来凸显生成性学习(generative learning)是如何在该系统的其他领域得以延续、提升或扩展的。特别是这些小组会共同制定确保持续发展的计划,认真考虑如何能够吸引他人参与。他们常常通过创建指导小组和建立专门网站来监控进程。在实施阶段,有关变革的措施特别需要创建一个虚拟的共同知识空间,以便持续交流、汇报、监控和深入探究。比如,陆路快运

---

[1] Barrett, F. (1995). Creating Appreciative Learning Cultures. *Organization Dynamics*, 24, 36-49.

欣赏型探究：一种建设合作能力的积极方式
Appreciative Inquiry: A Positive Approach to Building Cooperative Capacity

公司就已进行超过 60 次如本章所描述的那种峰会。最近，他们通过企业内联网举行了一次虚拟会议，来自公司内部的 2 000 余名参与者参加了这次活动，分享来自北美各个站点由欣赏型探究产生的最佳实践理念及其变革。2004 年的成本节约报告显示，在那次会议上提出的一项公司级的新措施，就额外节约了超过 1 300 万美元的成本。对该措施的内部审计表明，与那些没有实施任何欣赏型探究活动的地方相比，实施了一个或多个本书中所述的欣赏型探究项目的站点，能够节约的成本是前者的近七倍。

小结

本章详细介绍了指导欣赏型探究流程的四个阶段：(1) 发现能使成功得以显现的核心因素；(2) 想象哪些分享次数最多的、有关理想未来状态的意象；(3) 参与者自我组织，从而组成多功能的团队，以便设计特定的、可操作的变革目标或愿景；(4) 这些团体自我组织并致力于行动、试验和筹划，使组织朝着预想的美好未来发展。这里要再次强调的是，通过 4D 循环或流程，合作能力能以两种方式得以建构。最明显的是源自流程的结果——这种自我组织的团队以及他们发起的变革项目——都聚焦于有关系统层面的变革或者改进方面的战略性主题（譬如，员工驱动的产能）。参与者深信，变革有助于实现他们追求的共享愿景，而这些举措正是致力于推动这些变革。

通过观察欣赏型探究过程中合作能力的提升，我们能够看到欣赏型探究蕴含的思想魅力。系统中的大量利益相关者一起工作,致力于发现共同的历史和美好的未来,共同谱写他们公开承诺能够实现的新愿景和规划。伴随着过程的推进,他们对彼此的承诺,以及实现承诺的能力的信任增强了。他们开展合作的愿望和相关能力,较之当初进入房间开始4D流程时也变得更加强烈和胜任了。他们怀揣着计划和承诺结束了这一流程,收获的却是彼此间的更多合作。同时,对于那些至今尚未容纳在这一变革中的人员来说,这也注定是他们将要面临的未来之路。

> **焦 点 箱**
>
> 欣赏型探究的4D流程,包括发现、梦想、设计和实施,为我们提供了一个容纳不同利益相关者参与探究和对话的平台,人们正是在为实现共同利益展开合作的过程中,进一步拓展了相应的能力、期望和承诺。这个4D流程,起步于对过去最好方面的合作探究,目的在于发现人类系统的积极核心。正是基于对系统最大优势的重新勾连,成员们大胆地、充满自信地梦想美好的未来。怀揣着共同的理想,手中把握着系统的优势,成员就能通过设计制度、推动变革和调整结构,实现他们关于美好未来的共同愿景。这种对新的合作性事业的共同建设,开启了能够自我生成的有关学习、即兴创作和欣赏的新旅程。合作能力的建设与扩展将是无止境的。

第七章

如何开始：选择肯定性话题

通过第六章，读者已对欣赏型探究的流程以及欣赏型探究能够做什么有了初步认识，下面让我们将注意力转向它是如何开始的。第六章描述的 4D 流程或循环的中心问题，是我们所说的肯定性话题（affirmative topic）。它属于探究的范畴或者领域，也是组织学习的焦点所在。欣赏型探究搭建了这样的平台：参与者受邀讨论这个话题（譬如，团队工作、高利润率、创新、顾客满意度），努力发现调动人们最佳状态的各种因素。致力于合作能力建设的肯定性话题，为人们指明了方向和提供了可能标志，正如第四章讨论的那个至关重要的问题一样，话题选择也是一项非常重要的行动。我们起初选择的工作与学习的话题已预先决定了结果能否实现。削减成本这一要求尽管是合适的，但它也可能阻碍创新。研究士气低下的原因并不能揭示保持激情高昂的秘密。推动焦点团体去探寻顾客不满意的根由，也不能帮助我们让顾客感到满意。与之相似的是，数十年来，对工作满意度（job satisfaction）及其与生产力关系的相关研究，也未能揭示工作中激情高昂的潜能和作用。其他事例还包括用对员工就职年限的研究取代对员工流动的研究,或者用理解如何变得富裕取代对贫穷的认识。

因此,欣赏型探究是以塑造、重构情境或当下状况为出发点的,这种方式的作用就在于催生兴趣、产生期望或者形成积极的预期。**在这里,所有的努力都在于通过某种方式有意识地写下探究的重点,而这种方式能最有效地捕获人们的兴趣,切实了解什么是他们希望见到的,作为他们共同努力下期待的结果。**由于我们趋向于依赖缺陷话语(参见第三章),欣赏型探究往往也就成为一种重构的实践活动。我们受到的教育就在于甄别问题,而且常常忘记了这样一个事实,即对解决办法的过度追逐往往会造成其他人的另一种问题,或者束缚了我们向真正希望的状态迈进。确实,我们都想解决问题,但这又是为了什么呢?在这个问题的另一面,我们期待的未来又是什么呢?一天工作下来,我们最期待什么呢?

当英国航空公司的行政领导层开始面对最后一个问题的时候,他们解决令人头痛的财政困境的能力已有所提高。几年来,他们一直致力于"减少行李丢失和损坏的理赔",可事故依然有增无减。即使是最好的企业顾问所提出的改善建议,也未能解决这一问题。如此一来,就引发一个新的疑问:"为什么你希望理赔事件减少呢?你真正想要创造的到底是什么呢?"随着探究进程的不断展开,对话变成他们追求的理想状态到底是什么。正是在这一点上,该团队开始考虑什么样的体验能够让顾客在抵达目的地时感到满意呢?由此一来,他们决定调查顾客的"良好抵达经历"。通

欣赏型探究：一种建设合作能力的积极方式
Appreciative Inquiry: A Positive Approach to Building Cooperative Capacity

过使用4D，他们开始了一次欣赏型探究之旅，从中得到启发，采取了许多提高顾客服务的创新举措，并最终使行李丢失及损坏的情况得到好转。①

这里是一些来自不同组织的有关肯定性话题的事例，它们是从我们和我们同事的工作中提取的：

	原有的"问题"	肯定性话题
陆路快运公司	提高产能	员工只有受到产能的驱动才能最终取胜：通过提供最快的速度、释放员工的自豪感和增强他们的参与度来战胜那些非联盟性的竞争者
美国海军	促进员工的稳定	在每个层级都培养勇敢和开明的海军领导者：形成卓越的授权文化
美国海军	改善IP专业人员的形象	信息影响优势 "跟踪革命性的课程" ● 形成信息主导的文化 ● 引领士兵的进步 ● 打开通向创新之门
美国环境保护署	改进研究产出	为维护地球的活力共同努力
克利夫兰临床基金会	诊断错误	建立"为了所有人的安全"文化
世界宣明会	将我们的愿景转变为战略性规划	设定与儿童一起改变世界的目标

---

① 有关英国航空公司故事的更多信息，请见：Cooperrider, D. L., Whitney, D., & Stavros, J. (2003). *The Appreciative Inquiry Handbook*. Bedford Heights, OH: Lakeshore Publishers.

第七章
如何开始：选择肯定性话题

在事情开始时，有意识地选择话题是至关重要的一步。这是因为，所有的人类系统都会义无反顾地朝着它们交谈和提问的方向发展（参见第五章我们对建构论原则的讨论）。就像 4D 一样，这也是一种协作性的过程。通常，那些代表大部分利益相关者声音的设计团队或者次团体，会不遗余力地寻找这样一个话题，该话题会让那些潜在的受邀者产生兴趣并使之饱含激情。有时候，我们会发现人们想尽快地完成某项工作，或者只是简单地维持给定的问题或机会的现状。实际上，很多人之所以能走到一起，是因为被这样一种意象吸引，他们能在某些战略性话题上协同工作，这种工作给他们留下更加统一、高度卷入的印象。这是一个需要我们稍作停留的时刻，它需要我们牢记，确保运行的关键动力乃是探究。欣赏型探究并不只是将人们聚集在一起，也不只是使人们彼此变得更加积极。这里围绕生成性、肯定性话题所做的工作，乃在于促使人们更好地理解、构想和实现更多的未来的可能性，这在能力建设过程中非常重要。

另外，我们还会不断地遇到这样的问题：是否存在欣赏型探究无法发挥作用的情境呢？如果事情已变得非常糟糕，或者士气低落，又或者功能严重失调，在这种情况下已没有人会指望变得积极乐观，怎么办？对此，我们的回答是，目前还没有发现这样的情况。无论当下的情境看起来是多么令人无助、无望、冲突四伏或者问题重重，那种充满变革性的、生成性的和富有希望的话题在任何情境中都有可能存在，而且必将带来更多更深入的积极变革（参见

第五章的诗意性原则）。正因如此，我们经常提醒那些从事欣赏型探究的人，那些总想探讨何谓错误的人，他们使用的那些最激烈、最消极的词语，以及那种充斥着情感偏执的抱怨，也都是未竟希望的一种特殊的表达方式。最后，既然这种重构乃是一种需要学习的技能，那就根本不存在所谓"最佳答案"或者"最佳话题"的问题了。

> ### 焦 点 箱
>
> 典型的欣赏型探究将关心的问题重构为一种以肯定性语言表述的机会，邀请人们展望一个期望的可能。这种重写的话题代表了团队对于基本问题的回答，这就是："在这之后，我们追求的又是什么呢？"与其说你是要修理某个东西，不如说你是要建设或者创造某个东西。这就是为什么它最终变成能力建设的原因。当你和投身欣赏型探究的人一样具有自己的肯定性话题时，你就会明白这个道理。他们对用欣赏型探究来开展工作的兴趣和激情将会变得高涨起来。他们将展露微笑。

第八章

团队合作能力建设：来自麦迪克旅馆的故事

这里，我们将呈现一个用欣赏型探究进行的最早实验，它清晰地说明，采用前面章节讨论的观点，将会对能力建设产生作用。[①]第六章描述了欣赏型探究在一个有上百个不同利益相关者参与的大型背景下，流程是怎样进行的，这里则准备讲一个负责管理旅馆的小型管理团队的故事，这个旅馆隶属于一个大型的卫生保健机构。无论是在小组中还是在有关全系统的大型代表机构中，根据定义，欣赏型探究都是生成性的。它更多地聚焦于深刻理解当下的合作能力，目的是构想和发展适应未来需要的更加多样的合作能力。这就是麦迪克旅馆故事的核心所在。

帕克中心(Park Plaza)是一个破落不堪的一星级旅馆,当时有一个新的业主接管了它,并试图进行改革。新业主向这个廉价的、人员流动频繁和管理糟糕的旅馆的管理者提出了令人咋舌的要

---

① Barrett, F. J. & Cooperrider, D. L. (1990). Generative Metaphor Intervention. *Journal of Applied Behavioral Science*, 26, 219-239.

求，即要迅速将旅馆服务从一星级提升到四星级水平。新业主立即投入了1 500万美元用于改善设施环境，包括铺设大理石地板，购置具有异国情调的家具，以及重新粉刷墙面，等等。但是由于没有在人力资源方面采取相应措施，一年后除设施条件似乎有较大改变之外，其他并没有多少实质上的变化。我们受邀前去开展行动研究，目的是使每个人都参与到协作性诊断的过程中来，形成帮助旅馆认识四星级现状的行动计划。与此同时，员工很担心失败和被解雇，这是因为类似这样的接管都有可能导致大规模的人员调整。

尽管这个故事冗长且复杂，但它为我们提供了一个很好的学习机会。在组织评估阶段，我们的做法是，摒弃所有的诊断性的、以问题为取向的分析——从字面上看，就是中止使用所有的缺陷分析，不再使用士气低下、地盘问题、沟通障碍、信任缺乏和官僚制缺陷等术语。我们说过，如果我们仍将系统看成并定义为"有待解决的问题"（a problem-to-be-solved），那么这种以缺陷为基础的假设就会使组织的变革变得跟乌龟爬行一样缓慢。因此，我们取而代之的是询问：如果我们力图使每个人都参与到另一种隐喻的探究上来，那又会发生什么情况呢？这种新的隐喻认为，"组织是无限关系能力的核心，充满了无限的想象力、开放性和不确定性，而从未来的角度看，它充满了神秘"。当我们向管理人员推荐这一方法的时候，他们大多会回以讥笑，反对这种做法，并极力支持问题解决的方式。比如，他们呈现的两个"议题"：一个是可怕的顾客需求回应问题；另一个是缺乏关爱的文化问题。所以，我们提出，这两个议题及其相应的情况本身就构成一次有关行为研究的实验。

一个关于两项探究的故事

我们决定将一个拥有 30 名管理者的高层团队分成两个小组。要求其中一组管理者做组织诊断。在一次工作坊上，呈现给参与者的是经典的问题分析模型和旨在发现问题的提问方式：**你工作中的最大障碍是什么？难以回应顾客需求的原因何在？**

第二组采取的是欣赏型探究工作坊的形式。要求他们"尝试运用"半全（half-full）的假设。我们提出，关爱的能力事实上在现行系统中是存在的，现实中有不少回应顾客需求的事例。在那里，员工所做的远远超出他们的职责范围，他们尽力而为，且服务具有激情。下面是他们在访谈中涉及的核心问题之一：

> **革命性的顾客关爱**：我们真正做到优秀（甚至超出通常所谓的最好）的标志是：不仅时时刻刻响应顾客的期待，而且超出顾客的期待。我们假设，你也亲历过那样的时刻——至少一次或多次经历过那样的时刻。我们想要知道你的故事，并且了解你对我们未来的设想。
>
> A. 可否与我分享你参与过的一个成功，甚至极其成功地响应顾客需求的故事——在那个时刻，你和其他人的需求都

获得满足甚至超越双方的需求？请详细描绘这一情境。是什么使它如此不同呢？谁参与了其中？你的互动方式有何不同？你收到了哪些的结果和好处呢？

B. 现在按照这个故事所说的，让我们假定今晚工作之后，你进入梦乡并直到十年后才睡醒过来。然而，就在你入睡的时候，奇迹发生了：正是在这个十年里，我们的整个旅馆，作为一种组织，已经变成你最想看到的样子。许多积极的变革都已发生。现在，你一觉醒来，十年已飞逝而去，而且你已来到这个地方。面对发生的这一切，现在你看到哪些不同呢？有哪些新的、更好的方面呢？

这两个工作坊结束之后，便要求两组成员对旅馆中的不同人群进行独立访谈，但是并不提及这两个小组到底有何不同。此外，不同的访谈问题也没有拿出来共享。每个小组都要做30次访谈，并提交一份报告以汇报他们的发现。两个星期后，他们首次聚在一起，分享他们对组织的评估。

一切都在意料之中。这也就是说，到报告出来的那天，令人惊诧的事情发生了。第一个主动提出分享发现的是运用欣赏型探究的小组。在报告陈述的过程中，他们每个人看起来都很激动，并且都在其中扮演了角色，发挥了作用。他们拥有的活力也感染了其他人。首先，他们发现，他们访谈的员工，都想参与四星级愿景的建设，而且有关响应顾客需求的奇妙故事也层出不穷。此外，有关未来的意象也很引人注目和鼓舞人心。该组还将他们从受访者那里获得的一些鼓舞人心的话语进行了分享。另一个小组——扮演问题发现者角色的小组——却坐在那里纹丝不动。随后他们发出强烈的、近乎控诉的质问："你们从哪里发现的这些故事？可以肯定的是，这个旅馆除了衰退，从来就没有你们所说的那种事情。我们为什么从来就没有听到过你们所说的一切呢？你们为何要捏造事实呢？"

现在情势有了不同。我们说："少安勿躁，让我们请第二个小组来陈述。"于是，第二个小组做了一个汇报（一人在上面做报告，其他人都在下面静坐着）。这个汇报列出了近50个严重的问题，包括消极的监管和部门内部的摩擦，并附上顾客最低满意率的调研数据。他们描绘的未来图景是惨淡的，并且充斥着大量的威胁性词汇。有人提出，但凡工作表现不好的员工都应中止合同，还有一些人匿名主张，这个地方应该关闭。对此，实施欣赏型探究的小组高度怀疑这些数据的真实性，他们宣称，"我们访谈时可从未听说过这些事情"。现在，两个小组都变得困惑不解了！

随后，我们让两组交换了访谈指导材料，并且对问题给予密切关注。这为一次有关"现实的社会建构"的最佳对话搭建了舞台：语言和现实；分析我们的动机和恐惧感所产生的影响；人文探究对关系发展的影响；文化观念与叙事；自反性的观念与探究的"启蒙"效果；探究和变革的关系。

我们向旅馆总经理提出一个很实际的问题：在促进旅馆良性

欣赏型探究：一种建设合作能力的积极方式
Appreciative Inquiry: A Positive Approach to Building Cooperative Capacity

变革方面，你认为哪组数据能更有效地将人们真正地凝聚起来，从而实现你想要的未来呢？故事结局极具戏剧性。这个旅馆实施了长达四年的欣赏型探究流程，弗兰克·约瑟夫·巴雷特撰写的一篇博士学位论文全程跟踪了整个系统的变革，并展示了语言如何优于结构、系统、政策甚至意识的改变。① 之后，旅馆在没有解雇任何人的情况下，很快就获得期盼已久的四星级资质。我们所写的一篇讨论这个案例的论文获得全国管理学会（National Academy of Management）的最佳年度论文奖，我们为之深感荣幸。②

欣赏型探究及其生成性能力

有关此次经历的诸多影响值得进一步评议。第一个命题是我们生活在由我们的问题制造的世界里。我们所问的问题形成了我们的发现，我们的发现又成为我们交谈和对话的基础，而这一切又决定了我们对于共同未来所做的想象、理解、叙事、推理、思辨及建构。问题远远不只是收集信息——它们也在干预，它们一点儿也不中立。探究有助于凝神聚力，它就像一个容器，帮助我们界定和说明我们看到的东西；它还影响着人们之间的交往和关系，为那些重要的事务确定议事日程。一旦问题得以精心设计，并被用来开

---

①② Barrett, F. J. (1990). *The Development of the Cognitive Organization*. (Doctoral Dissertation, Case Western Reserve University). UMI, No. 9021373.

发这种生成性的潜能时，问题就有可能激发想象力。

考虑一下秉持不同假设的两位监管人员采取的不同方式。其中一位监管者每周都是这样开始例会的：为什么还存在这样的问题？你为什么总是将它弄得如此糟糕？在你看来，我们面临着什么障碍？而另一位监管者则这样问道：好吧，各位团队成员，让我们开始吧！在你们看来，还存在什么我们未能想到的其他可能性呢？哪些最小的变革却能带来最大的收益呢？关于这一问题，是否还存在其他更新颖也更有效的思考方式呢？

问题的普遍性及其固有的唤起充满无限可能的新世界的内在作用，预示着对于欣赏型探究来说更为关键的另一种洞察，即**我们发现我们自身无论是在情感上、理论上、关系上还是精神上，都是朝着我们所提问题的方向发展的**。探究总会介入其中，它通常以两种方式发挥着作用：它既介于外部现实，也深入内部发挥作用。换言之，我们所问的问题总在发挥着双重作用。

现在我们坦承，我们也希望自己能怀着内在的好奇，对一切新的可能性持开放性的态度，或者带着被威廉·詹姆斯（William James）睿智地称为"本体论奇迹"（ontological wonder）的状态，参加每一个新会议，进行晚餐交流，或者与客户保持联系。然而，我们却未能做到。那么，我们又该如何培养这种素养呢？我们越是觉得这个问题重要，就越能认识到，那种欣赏性的、以生活为中心的问题——也就是我们所说的**无条件的积极问题**（the unconditional positive question）——具有至关重要的意义。进入奇境的大门可能并不像看上去的那么狭窄。至少对于我们来说，从实用的角度看，它并不是尝试着浪漫地回复到孩童状态的过程，当然它与那种异常神秘的精神静修之术也完全不同。事实上，借助积极问题，它在通常所见的那种发现、对话以及关系深化的条件下就能够轻易实施。

故事的关键

探究本身就能创造奇迹，舍此再无他途。当我们是在真正地实践探究模式时，通往认识世界的大门就会在我们周围敞开。然而，没有问题，我们就进入不了这样的世界。只有当我们开始怀揣真正的好奇，秉持探究的态度，那种奇迹般的奇妙感觉才会相随而生。当完成一天的工作后，我们能够感受到神奇，那么我们便知自己正在从事探究活动。

第九章

社团能力建设：来自美国海军的欣赏型探究

在采取欣赏型探究推动组织变革方面，最重要的一个进展就是我们对战略规划制定团队最好由精心挑选的15—20名关键执行者组成，这一现状提出挑战。但是，在60人的团队里还有可能进行战略规划吗？在250人、1 000人甚至5 000人的团队里开展战略规划又会是什么状况呢？事实上，如果我们只是倾向于帮助小型管理者团队发展愿景，这种有关共享愿景的努力，是否意味着我们束缚了人类系统的合作能力建设呢？伴随着大型团队介入时代的到来，我们认真地考虑了马文·韦斯博德（Marvin Weisbord）的呼声："将整个系统安排在一个空间中。"我们中有几位研究者正是受该建议的启发而加入发展欣赏型探究的队伍，并开始设计能将大型团队容纳进来的相关项目。我们不断地在各种组织机构中开展大型团队活动试验，其中既有私营部门也有公共部门，它们包括联合宗教动议组织（United Religions Initiative）、通用电话电子公司（GTE）、纽崔蒙托食品营养公司（Nutrimental）、陆路快运公司、世界宣明会（World

欣赏型探究：一种建设合作能力的积极方式
Appreciative Inquiry: A Positive Approach to Building Cooperative Capacity

Vision)、联合国全球契约组织（UN Global Compact）、美国银行（Bank of America）和美国海军。本章要与大家分享的故事，源自与美国海军的一个长期项目。我们之所以讲述这个故事，有一部分原因是想向大家传达这样一个想法：如果这一流程在一个高度命令和控制的环境中都能实现合作能力建设的目标，那么它在任何地方都将发挥很大作用。

整个系统运作的力量

尽管通过欣赏型探究峰会的形式来运用大型团队的方法和欣赏型方法[①]仍然处于实验阶段，但是我们业已见证全系统观点在推进积极变革方面的巨大作用。我们看到，一些致力于变革的代理机构，对大型团队介入的实验产生了浓厚的兴趣。在作者的欣赏型探究峰会实验中，我们花了3—4天的时间，与人数从60人至5 000人不等的团队一起共事。实际上，我们看到，当"全系统"汇聚或者安排在一个空间时，变革就实实在在地发生了。在进行实时对话时，不同利益相关者的声音交汇在一起；每个人都被邀请来分享他/她的看法，同时倾听别人的经验和观点，从而探寻那些无法想象的新的行动可能性。

---

① Ludema, J. D., Whitney, D., Mohr, B. J. & Griffin, T. J. (2003). *The Appreciative Inquiry Summit*. San Francisco: Berrett-Koehler.

第九章
社团能力建设:来自美国海军的欣赏型探究

正如我们要在下面的故事中看到的,①我们所说的欣赏型探究峰会也赞同将外部利益相关者(如客户和供应商)接纳进来。我们假定,一个能够涵概多种声音的决策设计是引发观念变革的催化剂。这是因为人们只能借此获得有关全体的完整意象,从而超越他们已习得的工作常规。之所以要中断习惯,是因为只有这样才能形成更具广泛性和包容性的情境。在设计流程时,越是能使每一种声音都得到表达,便越能使参与者了解公司的整个关系结构是如何形成的,也就越能推动参与者来贡献他们的最佳想法。事实上,当同事、客户或者供应商等汇聚在同一个空间,当他们兴高采烈地谈论他们最难忘的经历和最大的希望时,要想保持对他们的消极的刻板印象也是一件很不容易的事情。参与者投入到生成性的对话中来,全身心地关注有利于全系统发展的因素,这直接有助于发现和体会到目的和方向的共识。

能有机会在同一个组织中开展或推行多次欣赏型探究峰会,是一件相当难得的事情,它为了解有效的组织变革的过程提供了许多有用的经验。在过去的两年里,由于海军着力在各系统部门(包括全局领导发展部、舰队作战部、家庭支持服务部、预备队、后勤部队、信息专业社团和精选船舰社团)运用欣赏型探究推动积极变革,我们已经看到一些引人注目的成果。在那些

---

① 我们要对戴维·布莱特(David Bright),一位来自凯斯西储大学的高年级博士研究生,表示感谢。他帮助我们推动了欣赏型探究峰会的召开和相关报道评论。

欣赏型探究：一种建设合作能力的积极方式
Appreciative Inquiry: A Positive Approach to Building Cooperative Capacity

令人激动和充满希望的故事当中，有一个故事是我们在与海军信息专业社团合作时发生的。在那里，我们组织了两次峰会，两次峰会前后相隔十个月的时间。在海军这个特定的共同体中，大量不同利益相关者都介入其中，试图发起一次快速的、同步的和自我主导的改进活动。下面是他们开展第一次峰会时的故事。

背景

作为海军中的一部分，实践社团准许海员和军官组建一个实用的专门技术领域。譬如，航空社团负责确保所有的飞行员和空军军官都受到适当的训练，并且处于良好的备战状态。同样地，潜艇社团、水面战社团和人力资源社团，也要为整个海军提供他们独特的专业服务。而信息专业社团就是新成立的这些实用领域之一。

信息专业社团是在2001年10月正式组建起来的，它是一个全新的战斗社团。海军作战部首长（CNO）和海军高级军官弗农·克拉克（Vern Clark）上将为该社团签发了一项具有挑战性的命令，即要让海军"拥有自己的网络"，提升海军的"网络中心"能力，形成海军整体的、系统的战略优势。

挑战

对于信息专业社团来说，海军作战部首长下发的这一命令乃

第九章
社团能力建设：来自美国海军的欣赏型探究

是一个真正的挑战。这个新近组建的社团中的一些成员，还从未与其他部门的信息专业人员一起体验过一种强烈的认同感。此外，他们中的不少成员一直都在努力找寻自己在海军中的位置，这是因为，从传统意义上讲，信息技术专家通常被看成是作为辅助部署在海上的、对"真正的海军"的一种支持性力量。这也导致了一种大环境的产生，即该社团的成员不断地收到一些来自他们同行的隐晦信息，说他们不如海军中的其他人员那样优秀。总而言之，为了实现海军作战部首长确定的目标，信息专业社团必须解决这种身份认同上的争议，同时必须在他们彼此之间以及与海军的其他部门之间建立起更加稳固的联系。

克拉克将军选择了三星中将理查德·梅奥（Richard Mayo）作为这个社团的负责人。正如他们所宣称的，将军的特定责任就在于敦促信息专业社团努力形成统一目标和身份意识。有一位社团成员曾在加利福尼亚州蒙特雷市（Monterey）的海军研究生学院中心学习过，那时他阅读了弗兰克·约瑟夫·巴雷特的著作，因而对欣赏型探究有所了解。在进一步理解欣赏型探究的基础上，欣赏型探究被作为信息专业社团建设的引擎，依此形成身份认同、培养使命感，以及创造迈向未来的相应战略。

2002 年的首次峰会

首次峰会是在 2002 年 9 月举行的，这次峰会在信息专业社团的发展史上是一次具有里程碑意义的重要事件。信息专业社团的

欣赏型探究：一种建设合作能力的积极方式
Appreciative Inquiry: A Positive Approach to Building Cooperative Capacity

官员们整合全球的资源，并且常常在第一时间就与对方接触，形成了很多新的关系。2002年峰会上的肯定性话题是由一个由18位成员构成的行政指导团队提出来的。这18位成员中，有来自不同舰队指挥部的代表和不同级别的军官。这个肯定性话题就是，"信息的力量优势问题：建立信息优势，引领士兵升级，打开创新之门"。在由365位官员组成的信息专业社团中，大约有170名官员参加了这次峰会。另外，还有80名来自外单位的利益相关者参加了这次峰会。

整个峰会的设计完全遵循了4D流程（参见第六章）的活动要求，这一共耗费了我们三天半的时间。在发现阶段，我们采用了欣赏型访谈、利益相关者有关"积极核心"的讨论，以及运用三色旗来辨识和突显社团的最大优势。在梦想阶段，他们探索并创造性地呈现了关于信息专业社团的理想意象，随后他们又绘制了一张机遇图，用来标示70个原创观念，从而使活动转入设计阶段。当他们在67个观念中经投票公选出4个最优观念后，所有参会成员都要自主选择加入13个行动团队中的某个团队。他们完全是自我组织起来的，并先后形成三年的抱负陈述，指派了高级和初级的"促进者对子"（facilitator pairs），而且为峰会之后的工作的持续开展制定了行动计划。

在这次峰会期间，我们注意到几个有趣的现象。首先，绝大多数的社团成员在开始的时候，就对他们的参与表现出浓厚的兴趣，甚至在某种程度上可以说是焦虑。更甚之，这种焦虑还传

第九章
社团能力建设：来自美国海军的欣赏型探究

染上负责创办这个新型的信息专业社团的海军将领身上。这位海军将领后来曾说，在峰会的前一个晚上，他整夜未眠，因为他不确定在一个有250人参加的长达四天的会议上到底会发生什么。然而，到峰会结束时，直至数月之后，他这样说道："那是我在海军过得最好的一周。"我们也从其他人那里听到了相似的感受。

其次，在峰会之外，社团成员也开始自我行动起来。社团的很多成员都是第一次见面，他们利用这次难得的机会建立和形成了兴趣团队。这些由军官组成的团队分别进行了多次非正式会议，探讨彼此在社团活动和发展方向上的一些看法。另外，还有一个较小的团队集中研究讨论了机遇图的观念，而绝大多数参加峰会的成员，自发地组织了"市政会议"（Town Hall Meeting）。在那里，他们更多地研究和讨论了组织发展的观念问题，以及社团成员感兴趣的其他问题。

我们同时指出，贯穿整个过程的大部分探究都聚焦在身份认同上，主要有："我们是谁？""我们如何处理与海军中的其他人的关系？""对于海军而言，我们的战略重要性体现在哪里？""我们怎样才能获得承认呢？"这个峰会为他们发现一些连他们自己都会感到惊讶的事情提供了可能：他们发现了领导和指导能力；他们听说了不少信息专业社团军官航行中的不同寻常的经历；他们描绘了一幅他们将得到海军中其他人员尊重的未来图景；在那里他们表现出高度的专业胜任力。最重要的是，他们从领导和来自外部的利益相关者那里听到大量有关海军及其使命的极其重要的故事和评论。来自该峰会行动小组的一些特定主题请见下表。

首次峰会行动小组

职业与社团成员发展规划（界定我们是谁）*

职业发展**（每组负责一个领域）

- 职业路径
- 从事特定工作的证书
- 新成员的定位与专业发展
- 现有的信息专业社团成员的专业发展

指导：制定一份有关信息专业社团军官的正式指导方案

市场营销（让其他人知道我们是谁）

信息专业社团的使命：对信息专业社团的总体目标予以界定

营销策略：接触其他社团以及信息专业社团不在场的成员

虚拟工作空间：定义社团的在线活动能力

信息主导（界定在与他人关系中的我们是谁）

相关运作（每个小组负责一个领域）

第九章
社团能力建设：来自美国海军的欣赏型探究

> - 与其他社团和指挥官结成伙伴关系
> - 转向信息和知识管理，并作为一种战略优势
> - 明确信息专业社团在远程攻击集团(战斗群)中的角色
>
> **创新**：制定推动和共享创新成果的相关措施
>
> **社团关系与交流**：与其他的市民组织建立伙伴关系
>
> * *斜体字表示该次峰会之后，将由有关参会小组的代表在三个月内组织的系列会议主题名称*
>
> ** **粗体字**表示峰会期间从机遇图中提炼出来的团队变革话题。

很多参加了峰会的人员离开时都感到精力充沛，他们对今后的可能性和工作抱有信心。恰如一位与会人员在会议结束前的公开发言中所说："今天，此时此刻，我由衷为自己作为海军的一分子而感到高兴。这里发生的一切让我太激动了。"

峰会之后的工作

为了跟踪和把握信息专业社团峰会的进展情况，2002年11月，我们对行动团队促进人员(action group facilitators)进行了一系列访谈。同年的12月，我们又与13个行动团队的有关代表举行了网络电话会议。2003年2月，我们还为这些人员安排了一次面对面的会议，作为上次会议的继续与重组。

欣赏型探究：一种建设合作能力的积极方式
Appreciative Inquiry: A Positive Approach to Building Cooperative Capacity

在这些会议上，我们强调了初期取得的诸多成功。特别要指出的是，在 2 月份的会议上，海上作业（工作职位）的数量增长超过了 300％，而很多的舰队指挥官被明确要求由懂得信息专业的官员担任。上述观察材料表明，一方面信息专业社团的声誉正在不断提高，另一方面本次峰会也产生广泛而深远的影响。另外，挖掘出的几个核心成功因素如下。

- **来自上级领导的支持**。所有成功的引航员团队都承认，他们得到了上级领导的强烈支持，即使这种支持并不长久。
- **频繁的沟通交流**。所有成功的团队都找到应对地理和技术距离局限的方法。
- **常规责任上的配合支持**。有几位促进者指出，他们的贡献能力之所以增强，是因为他们担负的常规职责已与引航员的工作紧紧地联系在一起。
- **明确的任务列表**。但凡成功的团队都把明确的行动视为重要的里程碑，而不再是一些似是而非的步骤，譬如说"确定要去做什么"。

引航员变革小组在很大程度上都依赖于网络展开合作，这是因为，绝大部分的小组成员来自不同地区的不同指挥社团。我们所做的就是要为他们提供最好的服务，要在文献管理中找到相应的支持性研究成果。这些经验为现在和将来如何通过虚拟团队开展工作提供了指导：

- **根据任务和关系的复杂度匹配沟通交流形式**。小组担负的任务或者面临的关系越复杂，对成熟的沟通交流形式的需要就越强烈，这种沟通交流的形式有电话会议、网络会议或面对面会议。
- **把握好例会的节奏，使沟通交流多样化**。例会就像是小组的心跳，在网络背景下，会议日程主导了行动。
- **移除沟通交流中的匿名做法，最大限度地发挥沟通交流的作用，并对沟通交流做出回应**。在网络环境下，很多对回应的要求都是匿名提出的，而研究显示，匿名易导致无回应的现象出现。

在努力应对这些不断涌现的挑战过程中，目前，将上述观念贯彻得最好的实践形式就是在2月份面对面会议上对行动小组促进者进行的重组。他们将13个团队合并成三个较大的团队（信息主导团队、营销团队和职业发展团队），并将他们的目标整合成上述表格中的三大焦点领域。这使他们深信，他们处理的是一些最为紧迫的问题。他们同意有关例会的时间安排，并为社团的线上峰会交流制定了新的指导原则。

再次，出于对把握常规交往和密切交往的"节奏"这一观点的高度重视，他们组建了一个"社团军官指导团队"（ESG），由来自信

欣赏型探究：一种建设合作能力的积极方式
Appreciative Inquiry: A Positive Approach to Building Cooperative Capacity

息专业社团和相关的外部组织的共 14 位跨部门的个人代表组成。此社团军官指导团队每六周举行一次电话会议。在每次会议上，行动团队的促进者都会向社团军官指导团队提交一份进展报告。从本质上说，社团领导委员会的建立，为行动团队以及其他指向更广泛社团问题的项目或工程注入了活力，提供了保障。

最后，他们对在 2003 年 7 月期间举办第二次峰会一事再次进行了确认，届时他们将特别邀请未能出席 2002 年峰会的信息专业社团成员参加该会议。尽管该社团中的每个人都会受邀参加第二次峰会，但该次峰会的目标乃是确保所有的信息专业社团军官至少都有过参与欣赏型探究的经历。第二次峰会，代表外部单位的利益相关者人数接近与会者总数的一半。如今，该信息专业社团已成为网络作战指挥部的中心，按照海军未来的长期战略规划，它是 21 世纪海军力量的一个重要组成部分。

总之，一个新的专业社团，如果将它的外部利益相关者或者社团的客户，通过一系列的大型团队、全系统欣赏型探究峰会等方式转变成合作伙伴，而不是使其人事工作事先就为消极观念所支配，并从一开始就秉持缺陷取向，那就可以肯定地说，它的发展势必成为一个令人向往的孕育过程。在认识优势和机遇的基础上，通过召集不同的利益相关者展开对话，欣赏型探究过程就能确保及时发现与核心优势、理想未来，以及优先的变革措施紧密连接在一起的共同点。正是这些共同点组成了新近成立的信息专业社团的基本结构，提升了信息专业人员处理好与舰队以及其他海军指挥社

第九章
社团能力建设：来自美国海军的欣赏型探究

团的关系能力，而后者正需要他们的服务。

> **焦 点 箱**
>
> 欣赏型探究峰会为每个人认识全系统提供了路径。通过将战略性变革与积极核心相联系，所有利益相关者以及社团成员都被吸引到所期待的积极未来上来。正是这一积极未来赋予了他们激情和能量，鼓励他们跨越组织边界开展新的合作。正因如此，新近组建的信息专业社团改变了那种低自尊、钩心斗角以及"二流"的自我意象，它们在谱写新故事的过程中获得了广泛认可，成为实现海军全部使命的极为重要的贡献者。现在他们本身就是信息力量优势的领导者和专家，是海军实现长期愿景进程中的战略性力量。

第十章

结语：欣赏型探究作为建设合作能力的学习

我们用自己在《欣赏型探究与组织变革》[①]一书最后一章中的一段文字作为本章的开头：

> 欣赏型探究的假设很丰富；有关欣赏型探究的体验表明，对人类系统抱持肯定性的信念具有重要作用。我们以及我们同事对欣赏性介入的研究和报告，使得我们深信人类蕴藏着足够的勇气与自由去维持这样的信念，即人性本善，应着力开发关系潜能，集体行动蕴藏着创造性力量。

这一立场强调在开始学习之旅时，需要通过其他事情来建设合作能力。事实上，这也可能是任何人在实践其自由意志时的必

[①] Fry, R. & Barrett, F. (2000). Conclusion: Rethinking What Gives Life to Positive Change. In R. Fry, F. Barrett, J. Seiling, & D. Whitney (eds.), *Appreciative Inquiry and Organizational Transformation: Report from the Field*. Westport, CT: Quorum, 263-278.

第十章
结语：欣赏型探究作为建设合作能力的学习

由之路。① 这种立场是一种开放的、非判断性的倾听，是一种对发现的好奇，它滋养着我们，放任我们大胆地梦想，促使我们尝试和推动变革，激励我们以一种新的方式与其他人合作。欣赏型探究本质上是在营造一种生成性的学习关系。

对同一系统中不同的利益相关者展开的欣赏型探究经历表明，欣赏型探究可以带来积极的效果，可以形成关系性的"知悉"（knowing）。而透过知悉可以看到，现实是一种共享的、共同建构的现实；这些社会建构以挑战性建议或者抱负陈述的形式（参见第六章），吸引参与者为了一个共同的目标或者梦想，探寻新的合作方式。② 他们的合作能力——对话能力和想象潜能——由此被点燃和改变。

我们希望"欣赏"的是这种普遍存在于每一个社会系统中的合作能力。培养合作能力并使之不断增强，要求我们探究其本质，从而理解到底是什么促进了能力的培养，是什么维系了这样的能力，以及是什么拓展了合作项目。在本书中，我们基于自身的经历提出这样的信念，即欣赏型探究乃是达到这一目标的一种方式。在这个简短的结语中，我们概述了那些重要的观点，我们的目的是希望读者能将这种思考持续地进行下去。

---

① Barnard, C. (1968). *The Functions of the Executive*. Cambridge: Harvard University Press.
② Gergen, K. J. (1994). *Realities and Relationships: Soundings in Social Construction*. Cambridge: Harvard University Press.

欣赏型探究：一种建设合作能力的积极方式
Appreciative Inquiry: A Positive Approach to Building Cooperative Capacity

再次探究：为什么要进行欣赏型探究

通过观察我们发现，组织学习的机会——及其带来的能力建设——普遍受到传统的变革管理方式以及被称为"决定—倡导—防御"（Decide-Advocate-Defend，简称 DAD）循环的束缚。这就是，邀请一个小型的、经过精心挑选的团体（通常处在科层的顶端）来考虑一些战略上的可能性与选择，考虑为了更好地适应未来，满足未来竞争的要求，需要作出什么样的改变。这个团体也确实在经常性地学习，那些卓有成效的行政领导或者领导团队，通常也在努力提升他们的工作能力。他们接受新的信息，努力分析、不断质询并展开讨论。然而，一旦他们到达决定阶段，他们通常以日程表的形式向系统里的其他人倡议他们新学到的立场或决定。在倡议的过程中，几乎没有任何质疑的产生。个体是如此忙碌以致没有时间思考其他方面或是预见对立面。而那些真正感兴趣，有问题要问或者有对话意愿的人，却常常遭遇机械、僵硬的独白。那些试图改变这种小型团体做法的任何行动或企图，都会遭遇抵抗。那些业已完成学习旅程的小型"冠军"团体，正在考虑如何捍卫他们的观点、立场和决定，由此一来，缺陷话语就开始出现了（参见第三章）：该团体疑惑不解，你们为什么会如此顽固呢？你们为什么不信任我们呢？你们对那些有益于公司的事情为什么就没有兴趣呢？你们为什么总是在未听完我们讲话之前，就予以否决呢？等等。

这种防御性的螺旋循环，不支持欣赏型探究背后的那种强有力的肯定性问题(参见第四章)。那些能够建设合作能力的组织学习已不复存在,而"决定—倡导—防御"的运行经验则导致和滋养了诸如此类的社会建构故事:"领导出了什么问题"或者"这只是另一种权力游戏"。这些问题很快就变成一种超强的记忆力,引发那些对于所有未来变革项目、战略规划努力和愿景凝聚过程的消极联想。

有人可能认为,在"决定—倡导—防御"循环中也存在某种形式的学习,但这不是我们在欣赏型探究过程中看到的旨在合作发现与合作创造的生成性学习类型。我们必须牢记,能力建立的结果只能通过欣赏型探究过程获得。现在,我们转向讨论赋予生成性学习关系(generative learning relationship)以活力的一些关键因素,正是它们促进了合作能力建设。

体认馨全性的吸引力

欣赏型探究强调,无论是一个家庭、一个销售团队、一个跨国公司分部,还是一个社区,不能只从字面上理解它们的整个系统的特性,而必须将所有的利益相关者的声音聚合起来,作为完整系统的表征。通过分享故事和发掘系统的积极核心,一个能够展示核心价值与组织认同重要性的欣赏性空间(appreciative space)就得以建立起来。发现阶段(参见第六章)产生的一些欣赏性故事,体现了生成性经历的重要性,它呼吁人们要进一步反思关系、勇气、智慧与创新的意义。它们负载着隐喻的种子,象征和体现着对过去和充满可能的未来的自豪(参见第八章)。

通过欣赏性故事,源自多重声音和故事的有关优势的积极核心得以生成,这种积极核心甚至表现出一定程度的神圣性——某些值得尊重、敬畏、培养和保护的东西。如果在类似这种的欣赏性关系空间中,有两千人或者一千人的参与,那么有关"整全性"的意象便开始出现。当我们有幸能在诸如美国海军、陆路快运公司、联合国全球契约组织以及世界宣明会这样的系统中设计和推进欣赏型探究峰会时(参见第六章和第九章),我们就不时地为观察到一些特别的事情的发生而感到震撼。也正是在这个时刻,不同的利益相关者能够同时地去体认对方——在同一个空间中察看和感受这个组织或系统整全性中最为积极的方面。有关整全性的意象,彰显了人群中的那些最佳特性。

详尽阐述一个团队或者系统的积极核心,有助于创造一个关系性空间。这种关系性空间促进了通过试验进行的学习活动,并能进一步激发对可能性的探索。这种对积极情感的共时性体验,使人们对于共享各种可能性产生了真正兴趣。

通过积极中止确定性来阻断习惯

有潜力改变组织能力的学习包括想象力、即兴发挥和创新性思考。它们带来的结果与大家熟悉的演绎推论——问题解决的引擎——是完全不同的。欣赏型探究营造了关系性空间,在那里,兴趣非常盛行,人们都在思考和拥抱新的可能性。"心理安全"

第十章
结语：欣赏型探究作为建设合作能力的学习

(psychological safety)的概念认为，如果我们与来自其他部门、选区、地区和民族的人群聚在一起，而这些人，我们原本就很少接触因而关系也不怎么密切时，那么我们可以断定，预期或者冀盼的那种令人舒适的（合适的）现状就会离我们远去。然而，我们有关欣赏型探究峰会的研究表明，那种有关"陌生人"(stranger)或者混杂的利益相关者环境的特别假定，很可能只是一个神话。

欣赏型探究流程使得陆路快运公司的一位叉车司机与一位地区副总经理很快建立起一种生成性关系。这位叉车司机和副总经理以前从未有过交谈，现在则通过分享故事、相互探讨内在的共同性，在一起谈论所期待的未来和行动计划，并最终建立了紧密的关系。同样的现象还有很多，如一位刚入伍的年轻海军士兵与一位海军上将一起工作，一名为曼谷的儿童救济工程工作的泰国行政职员与一名来自北美的非常富有的捐赠人一道工作，等等。没有理由怀疑这样的事实，那些来自不同部门、处在不同地位、从事不同工作、使用不同语言和拥有不同运行规范的人，同样也可拥有共同的智慧、共同的联系、共同的期望和共同的目标。在我们看来，只要提供共享机会，就能找到某种联系，人类的潜能就能显现出来，而社会的善也就能被觉察和认识。这就是为什么在欣赏型探究的发现阶段，任何与战略性主题（尤其是团队合作、高利润、顾客满意，等等）相关联的"最美时刻"或者高峰体验总会成为人类合作行为的一种表达。不论怎样去定义那些伟大且有活力的人类系统，它们都将能够展现合作能力。

欣赏型探究：一种建设合作能力的积极方式
Appreciative Inquiry: A Positive Approach to Building Cooperative Capacity

> 只要能以欣赏性的态度表达这样一种信念——人类团体和组织蕴藏着潜在的善，那么合作能力就一定能够培养起来。

运用故事讲述化解科层制

在社会系统中开展合作能力建设，最大的障碍也许就是科层制。尽管还有争议，但对于任何一种组织形式来说，不论它是扁平的还是垂直的，为确保效率和效益，建立一个有关决策制定者行使权威的责任链，乃是一种必要条件。在某些情况下，的确需要指挥链或者科层治理模式。但是，传统的科层治理模式又抑制了人们表达积极观点的愿望，阻碍了人们充分认识他们的角色，破坏了人们在共享目标形成中拥有的主人翁感。生活在科层制下的人们，很容易习得科层化的思想、观点与知识。或是因他人的职位，或是因他人控制着那些能够影响工作生活质量的资源，而对他人常常抱有懂得更多的预期。正是这种预期，阻碍了人们对有可能挑战现状的那些观点或者问题的分享。科层制阻碍了探究，而探究之于建设或者发展合作能力以及开展创新性的组织行动而言又是必不可少的。

贯穿在欣赏型探究工作中的一个共同线索就是，在探究的名义下，根据特定战略性话题的要求，致力于讲述"最佳过去"（best past）的故事。在欣赏型探究会议上，当人们努力移除等级、地位和狭隘的身份认同这些常见的象征符号的时候,关爱就被接纳进来——身份卡上仅标注名字;在军队,所有人员都不穿制服;在一个全球性的聚会中不标明人们来自的国家或者地区。听讲故事的时候,倾听者会受到鼓励,希望他们积极挖掘蕴藏在故事中的"金矿",努力加入到有关故事的共同探讨中来,深入理解深藏在故事中的决定因素和隐性教训。在努力探索共同根基(common ground)的过程中,这种对话对于故事讲述者的讲述异常珍视。在探索成功的共同因素过程中,倾听和积极分析故事情节成为一件增权赋能的事情。它能增强人们的自信,并将人们导入故事发生时的特定关系中。这是一种关系性空间,在这里,各种可能性能在没有偏见的条件下得以探讨。而且,对专家的依赖也不会妨碍人们的参与。如此一来,对于创新性建议的共同建构(co-construction),此刻成为一种可能。

凭借故事讲述,成员们创造并传达某种道德结构,形成有关何谓好以及什么是值得维护的认识,明确了一个能够促进身份认同共享的话题。基于上述因素的这种身份认同,乃是共同建构的产物,它需要勇气、合作与彼此的感动。

对领导者的最后建议:积极问题带来积极行动

正如彼得·德鲁克(Peter Druker)在最近的一次会谈中向我们的同事戴维·L.库珀里德建议的,以及德鲁克在他的经典著作

欣赏型探究：一种建设合作能力的积极方式
Appreciative Inquiry: A Positive Approach to Building Cooperative Capacity

《新社会》①中通篇强调的，今天（以及面向未来的）领导的主要工作就是**持续不断地理清组织的优势，如此一来，组织的弱势就变得无关紧要了**。欣赏型探究是一种深深扎根于有关变革与发展的以优势为本之观念的过程。发现阶段集中于探索和揭示系统中与战略性主题有关的"积极核心"，是努力寻找我们拥有的共享经历中那些最好方面的过程，也是一种集体性探索的过程。这一过程总是伴随着对为何参与者在那些时刻表现最为出色的原因的深度分析。在梦想阶段和设计阶段，要运用挑战性建议与抱负陈述，精心设计令人期待的积极意象，并立即开始改变相应的行为。这样一来，那些在核心优势与共同观念基础上形成的可行计划，就与这些大胆的梦想牢牢地捆绑在了一起。

所有的工作和活动，从一开始就要依靠一个强有力的问题将人们与他们的集体性的积极核心——他们的优势——结合起来，这样做将有助于提高转型性学习（transformational learning）与积极变革的可能性。

小结

这种有关学习与能力建设的欣赏性模式，邀请我们改变思考

---

① Drucker, P. (1993). *New Society: The Anatomy of Industrial Order.* Transaction Publishers.

第十章
结语：欣赏型探究作为建设合作能力的学习

变革的方式。说得更具体些，它是发生在不同类型和规模的人类系统中的致力于改变人们彼此关系的一种积极的革命。回溯欣赏型探究过程中的那些别具特色的核心特征（参见第二章），现在我们可以充满自信地说，这是可能的——同时也是可以预估的，即**人类系统的合作能力对于组织的成长非常重要，而一旦我们与其他人相处的关系性空间聚焦于优势，致力于新的理解，能容纳不同利益相关者的声音，而且总是合作性的、努力追求生成性的，那么变革就会快速地扩展开来。**

在过去的二十多年里，通过上百次的实验，我们已经懂得，欣赏型探究是一种强有力的、以优势为本的和强调协作努力的方式。这种方式能促进组织进行快速、可持续及转型性的变革和生长。让我们回到本章的开头部分，欣赏型探究之所以能引发这种积极变革，乃是因为人类就是一个"巨大的水库"（rich reservoir），它蕴藏着合作的潜能，等待着释放的时机。凸显人类系统中合作能力建设的实质，乃在于提示和促使人们思考系统中那些表现良好的工作、最佳的结果以及那些最具魅力的部分。从事这种探究活动的人员，将会很自然地迅速与有关人类团体最积极的信念联系在一起，也会将他们的潜能与工作、成长和梦想紧密地关联起来，并赞美他们。自然，他们也会寻找实现更多潜能的正确方法。而系统围绕多重措施展开的合作能力，也将迅速发展起来。

最后的思考

或许本书传递最多的新信息是，在当代任何类型的人类系统中，将每个人都纳入到内部的战略圈中不仅是可行的，也是很有益处的。凭借欣赏型探究，我们能使所有的利益相关者或者成员学习和理解何谓优秀，何谓必要，以及何谓富有生命活力。同样，我们也能推动全系统按照它的最佳样式生长和运行。依靠信息手段，人们势必关注整体，重视合作，进而影响到系统，促进系统合作能力的提升。

主要参考文献

理论与实践方面的图书

Whitney, D. & Trosten-Bloom, A. (2003). *The Power of Appreciative Inquiry*. San Francisco: Berrett-Koehler.

Cooperrider, D. L., Whitney, D., & Stavros, J. M. (2003). *Appreciative Inquiry Handbook*. Bedford Hts., OH: Lakeshore Publishers.

Ludema, J. D., Whitney, D., Mohr, B. J., & Griffin, T. J. (2003). *The Appreciative Inquiry Summit*. San Francisco: Berrett-Koehler.

Watkins, J. M. & Mohr, B. J. (2001). *Appreciative Inquiry: Change at the Speed of Imagination*. San Francisco: Jossey-Bass/Pfeiffer.

Srivastva, S. & Cooperrider, D. L. (Eds.)(2000). *Appreciative Management and Leadership: The Power of Positive Thoughts and Action in Organizations*. Euclid, OH: Williams Custom Pub.

案例研究方面的图书

Fry, R., Barrett, F., Seiling, J., & Whitney, D. (Eds.) (2000). *Appreciative Inquiry and Organizational Transformation: Reports from the Field*. Westport, CT: Quorum.

Thatchenkery, T. (2005). *Appreciative Sharing of Knowledge: Leveraging Knowledge Management for Strategic Change*. Chagrin Falls, OH: Taos Institute Publishing.

相关网站资源

Resources for Appreciative Inquiry

The Appreciative Inquiry Commons: http://ai.case.edu

Resources for Social Constructionist Thinking

The Taos Institute: http://www.taosinstitute.net

附录

欣赏型探究 4D 循环峰会工作表样例[1]

陆路快运公司阿克伦集散站

员工只有受到产能的驱动才能最终取胜：

通过提供最快的速度,释放员工的自豪感和增强他们的参与度来战胜那些非联盟性的竞争。

议程概览：

第一天

- 欢迎词与概述
- "话题"介绍
- 社团建设实践

> 发现：1 对 1 欣赏型访谈
> 　　两两混合编组,努力探寻那些与我们的话题有关的、能

---

[1] 摘自陆路快运公司阿克伦集散站举行的一次欣赏型探究峰会。

> 为话题注入生命力的种种主题与因素。
>
> **午餐**［参加座谈的客户成员］
>
> 构建我们共同的历史
>
> 利益相关者团队：找出那些最让人自豪的方面，明确什么是我们想要坚守的东西。
>
> 输入：积极变革从何而来？

- 总结与结束

第二天

- 对促进成功的各种关键因素进行总结提炼，并在具体实践中掌握维护这些关键因素的方法

> **梦想**：混合编组：围绕我们确立的话题，充分想象各种可能性，充分描绘那些最有影响力的机会
>
> 围绕那些最有意义的机会（以重新自我选择的小组形式），充分想象我们要迈向的未来
>
> **午餐**
>
> 在报告会上对上述各种想象予以陈述
>
> 提出对未来的设想：三年的目标以及一年的具体步骤

- 总结反思与结束

第三天

- 对我们的三年抱负进行概括

> **设计**：围绕第一年的目标与行动步骤展开工作
> 　为介绍那些"合理可行的行动建议"（yes-able proposals）做好准备
> 　社区论坛：
> 　来自3—4个行动小组的报告陈述
> **午餐**
> 　来自3—4个行动小组的报告陈述

> **传递**：团队形成：行动小组集合起来，以便就当下将要采取的下一步行动达成一致。

- 峰会之后致力于行动的个人承诺
- 为征集评议意见或者各种反馈，在全体与会者中采取"开放麦克风"（open microphone）的措施
- 结束

说明：所有会议都将按时开始按时结束。每个上午和下午都将安排会间休息，并提供茶点服务。会议所有环节都将被拍摄并制作成录像带，以便在总结审议和讨论行动计划时可以将这些会议在全系统范围内予以交流（如果需要的话）。

欣赏型探究：一种建设合作能力的积极方式
Appreciative Inquiry: A Positive Approach to Building Cooperative Capacity

何谓欣赏型探究组织峰会

这并不是一个常见的规划会议！

- **全系统**的参与——这里存在着许多实际可行的兴趣团体。这意味着工作会议中具有比平常更丰富的多样性和更少的等级制，每个人都有表达的机会，都可以学到一些处理手上工作的不同方式。

- **未来的方案**——所有组织、社区或者议题——均被纳入历史性的、全球化的视角。这意味着在采取实际行动之前，要有全球性的整体思考意识。这一特征增强了有关行动的共同理解和更多的承诺，同时也拓宽了潜在行动的范围。

- 人们**自己管理**他们的工作，并将**对话**——而不是"解决问题"——作为最主要的工具。这意味着互相帮助完成任务以及为我们的观点和行动承担责任。

- 寻求**共同点**而不是"冲突管理"乃是我们的参考框架。这意味着我们要尊重彼此的差异而不是化解这些差异。

- **欣赏型探究**——**欣赏**意味着珍重，要深刻理解那些有重要价值的各种事物，而**探究**意味着学习、提问、探索。因此，**欣赏型探究**是一种协作性探索，以认识和理解组织优势、组织潜能、最佳机会以及人们的未来期望。

- **有关行动的承诺**——由于全系统的参与，因而它就更容易快速地作出决定，就能够以公共的方式——以开放的态势使每个人都能提供支持和帮助，进而促成承诺的达成。

附录
欣赏型探究 4D 循环峰会工作表样例

自我管理与组织领导角色

每个微型小组都是自己组织相关的讨论、收集相关的数据、确定时间和提交报告。这里提供的一些角色,对于自我管理这一工作十分有益。领导角色可以轮流。在工作中,你可以按照自己希望的方式将他们划分为不同的角色:

- **组织研讨的领导人**——确保每一个想要表达意见的人有机会发表他的看法。要保证每个小组能按时依次发言,完成任务。
- **时间管理员**——提醒小组注意剩下的时间。监控报告的进度并对个人剩余的发言时间给予提示。
- **记录员**——用发言人的原话,将每个小组的发言内容记录在活动板上。请发言人将那些冗长的想法重新组织,简洁地表述。
- **报告发言人**——在规定的时间内,向更大型的团体传达报告的内容。

欣赏型探究：一种建设合作能力的积极方式
Appreciative Inquiry: A Positive Approach to Building Cooperative Capacity

访 谈 对 话

（转向你身边的人……在_____点前完成）

我们当下的现实：当今运输环境的一个显著特征就是竞争激烈，这尤其表现在 1—2 天的地方性运输市场中。由于现有的和过去的陆路快运公司客户将越来越多的货运订单转交给那些非传统的、非联盟性的货运商，使得现在我们的市场份额每一天都在丢失。可以说，我们是在我们自己"发明"的服务游戏中败下阵来的！这是为何呢？怎么会是这样呢？原因就在于他们运送货物到达目的地的速度比我们快了一些。虽然我们在账单分级以及构建高速紧凑的免费装载体系方面具有优势，我们拥有更高配置的计算机系统和更多的船坞码头，我们拥有训练有素和技术娴熟的优秀员工，我们在价格的基础利率方面也远远超过地区运营商。但是，他们仍然在市场占有率上打败了我们，原因全在于他们能够更加快捷地运送货物。然而，通过提升我们员工的自豪感和参与度，我们能够对这一困境作出回应并重新夺回失去的市场份额……以及开拓新的市场。在这个舞台上，促成成功的关键在于**产能**。

产能体现了我们运用相关设备快速处理货物的能力。如果我们能在货物的运送方面进一步提速，加快从 211 关口的装载、到通过码头和最后到道路上的装卸速度，我们就会在这个 1—2 天的市场竞争中赢得胜利。**系统提速……这正是我们所需要的**。如果我们能够最大限度地提高产能，我们就能战胜那种非联盟性竞争，并将主导这个市场。

问题一：请回想一次这样的工作时刻，它让你体验到什么是"高峰"的味道……这种体验或者时刻总是让你难以忘怀，让你充满自豪感，感到兴奋，或者让你觉得自己完全融入一件非常有意义的事情，成为其中的一部分……这个时刻让你真正体会到，你为你的同事、客户或者组织的进步作出了贡献。

请描述这样的经历：到底发生了什么呢？都涉及哪些人？是什么使它如此难忘呢？

问题二：请给我讲一次你这样的经历，在 211 关口，你觉得产能（速度）达到了最佳状态，或者是你参加过的一次用相关设备将货物快速装运送达目的地，从而满足客户要求的经历。

告诉人们这个故事是如何进行的——都有谁参与其中，以及发生了什么事情。

在这个故事里，你做了什么呢？在参与这个故事的过程中，你最看重的是什么呢？

在这个故事中，你认为其他人作出的最重要贡献又是什么呢？

问题三：明天的现实。想象一下你沉睡了很长一段时间，醒来的时候三年已经过去。现在是 2004 年，地方性的货物运送格局较之以前发生了根本性变化。陆路快运公司已完全主宰了非联盟性地方运输市场。整个华尔街都在议论陆路快运公司在地方性市场中取得的这一巨大成功。一些刊发在《交通话题》（*Transport Topics*）上的文章讲述了陆路快运公司是如何通过培养员工的自

欣赏型探究：一种建设合作能力的积极方式
Appreciative Inquiry: A Positive Approach to Building Cooperative Capacity

豪感和推动员工的参与，从而使 211 关口上的运送速度获得显著提升的案例。这种强健而灵活的体制使得陆路快运公司阿克伦集散站在降低成本的同时大大提升了客户服务质量和员工满意度。对于客户来说，与 211 关口的阿克伦集散站合作开展 1—2 天的地区性业务已经成为不二之选。对于员工来说，211 关口相比于其他的工作地点来说，也无疑是他们的首选。

到底是什么催生了这种成功呢？

在这种成功中，你又发挥了什么作用呢？

为了帮助陆路快运公司阿克伦集散站获得并保持这种成功，你最大的三个愿望是什么呢？

发现：
发现该社团的资源与优势

小组报告将于_____点开始

目的： 相互欣赏和欢迎对方，学习人们带给这个会议的特殊经历、承诺、能力及资源。

自我管理： 选择一位记录人、发言人、时间管理人和问题研讨领导人。

1. 介绍你访谈过的人。围着桌子不时地走动，向小组介绍你的访谈搭档，与大家分享你们在访谈中的最精彩一刻（故事的高潮和陆路快运公司的愿景）。

2. 下一步——作为一个小组，开始讨论（每个人都彼此分享）：

- 你在这里遇到哪些有趣的或者是令你兴奋不已的事情呢？你期待怎样的结果呢？

- 从听到的这个故事中，你能否指出哪些关键因素或者主题成就了阿克伦集散站"因雇员高度参与而迅速提升了工作效率，进而获得了高效的产能"呢？

3. 记录人/发言人倾听并准备做一个2分钟左右的总结：

- 我们对于这次会议的期待以及我们想要的结果。

- 请列举3—5个关键因素，说明员工因自豪感和参与度的增强而带来令人诧异的工作效率，进而使产能得以显著提高。

欣赏型探究：一种建设合作能力的积极方式
Appreciative Inquiry: A Positive Approach to Building Cooperative Capacity

发现：

成功的根本原因：什么时候我们最有效率？为什么？

报告将于_____点开始

目的：观察那些我们正在从事并让我们深感自豪的事情，深入理解那些带来成功并建立起竞争优势的事情。

自我管理：选择一个记录人、发言人、时间管理人和问题研讨领导人。

1. 在一个翻页挂版上列出你与这个小组的利益相关者正在做什么——或已经做了什么——那些与我们工作有关的最令你感到自豪的事情——因提升员工的参与度与自豪感而带来了令人惊诧的速度，从而获得最大的产能："**我们最为自豪的是……**"

2. 选择那些最令你"自豪"的方面，并列举两个真实的事例或者故事，以说明这种成功的"高产能时刻"。

说明：它们或许就是你上午在成对的开放式访谈中被告知的或者听到的那些故事。

3. 现在具体分析一下这两个故事。对某些人来说，讲故事与听故事都是为了寻找榜样。**促进成功的根本原因到底是什么呢？什么是新近出现的或者与众不同的呢？对于其中的人员和客户来说，这意味着什么呢？**同样，对于工作小组、组织（例如，流程、资源、装备、领导、交流、培训，等等）来说，它又意味着什么呢？

4. 记录人：列出 5—10 个导致成功的根本原因；我们想要

继续做的事情,或者想要做得更好的事情,无论出现怎样的情况……

5.报告人:准备一个3分钟的总结——为整个小组选择一个可以讲述的故事,并对导致成功的各种原因予以评析。

陆路快运公司阿克伦集散站的未来
从发现转向梦想
勾勒改进的机会

总结将于_____点开始

目的：开始构建一个你想要的未来，即一个真正致力于"通过提升员工的自豪感和参与度而获得令人惊诧的速度，进而取得最大产能"的阿克伦集散站陆路快运团队。

自我管理：选择一个记录人、发言人、时间管理人和问题研讨领导人。

1. 分享你昨天上午在访谈中提到的愿望和梦想（问题3）。补充你主张的有关变革或改进的任何观点或想法，这些观点将会对产能的提升产生重大影响。

2. 采用头脑风暴法，列举各种能够有效提升阿克伦集散站产能的机会。

3. 作为一个小组，请列出3—5个你认为将会对产能产生重大影响的机会。

陆路快运公司阿克伦集散站的未来
梦想我们想要的未来
理想的未来方案

报告陈述将于_____点开始

目的：想象并确定你未来想要的工作方向，即一个真正致力于"通过提升员工的自豪感和参与度而获得令人惊诧的速度，进而取得最大产能，战胜那些非联盟性竞争者"的阿克伦集散站陆路快运团队。

自我管理：选择一位问题研讨领导人、记录人和时间管理员。

1. 将你自己置身于三年后，现在是2004年。从你选择的机会领域角度出发，构想一个你真正想要的阿克伦集散站。

- 正在发生什么？
- 这是如何发生的？是什么促成这种事情的发生？
- 到底是什么在支持着愿景、领导、结构、训练、程序等这些事情？
- 是什么让你对这种愿景感到兴奋？
- 这种愿景将如何提高速度并使产能最大化？

2. 在一个翻页挂版上将该梦想以为期三年的抱负形式写下来："按照（你选择的机会领域），到2004年，我们最期待的乃是……"[参见后面的两个例子]

- 采用生动的语言；

- 保持积极性；
- 要勇敢,富有激情……使其具有弹性以便能够引起他人的注意。

3. 用 5 分钟的时间将你的愿景创造性地呈现给小组的各位成员,要让人觉得这个"愿景肖像"现在就已存在,在报告呈现时要尽可能多地让所在小组的成员参与进来。

事例:一个电视新闻报告、一首歌或一首诗、生活中的某一天、一个滑稽短剧、一个有关雇佣的会谈,等等。

陆路快运公司阿克伦集散站的未来
梦想我们想要的未来

抱负陈述样例：

♯1. 机会领域：授权与信任

2003年的陆路快运公司：按照该公司领导者在培养不同层次的领导成员这一标准，该公司是一个世界一流的组织。我们因为拥有充分授权的核心能力而在业界闻名遐迩。人们之所以想来陆路快运公司工作，那是因为这里的所有员工都得到高度信任，并被授权创造新的价值。

♯2. 机会领域：职业机会/培训/指导

陆路快运公司是一个积极主动的组织，它通过为员工提供职业机会、集中管理、个人初期培训教育以及指导，来实现员工的个人职业目标。

职业机会通常借助这样一些方式予以保证，譬如，内部招聘会，内部招聘启示，技术数据库的充分利用，职业评价项目以及一个旨在提升的正式指导过程。

保证所有员工都有时间接受不同形式的培训，而为员工的继续教育提供的学费补偿则是无边界的（boundaryless）（也就是说包括所有部门、所有工作层次以及各种不同的利益部门），公司为员工继续教育所需的学费提供完全的支持，将之列入经费预算并给予资助。

对所有员工、领导和高级技术人员的培训,主要在于培养他们的软技能(soft skills),同时将经验丰富的员工看成是一种培训财富。

陆路快运公司阿克伦集散站的未来
设计最佳的产能

报告陈述将于＿＿＿＿**点开始**

目的：将你为期三年的抱负陈述转化为一年的目标，并形成随后6—12个月的工作计划。

自我管理：选择一位问题研讨领导人、记录人和时间管理员。

1. 依据其他小组的反馈与评价，用10—15分钟的时间修正、编辑或者改进你的抱负陈述。

2. 确切阐述能够实现的一年目标，并说明我们正在你所说的三年抱负之路上前进：

● 从现在起一年之内，经头脑风暴产生的有关某些特定事务的想法，将会发生或者能被改变，而这将会把我们引导到对你所说的2004年的愿景的认识和了解上来。

3. 识别那些能够达成一年目标的可能行动：

● 在关键目标和方案上达成一致，以便知道如何到达那里：需要谁做什么？又需要什么时候去做呢？

有关目标和行动步骤的指导原则：

a. 它能支持我们的核心事业目标吗？

b. 它能突出或者体现内藏于我们的抱负陈述中的那些原则吗？

c. 我们已经做了些什么呢（来自昨天的一些导致成功的关键

因素)？哪些是需要坚持下去的或者进一步加强的呢？

d. 什么是新的行动呢？什么样的新行动能够带来重大影响呢？

e. 所有利益相关者都能支持这一观点吗？

陆路快运公司阿克伦集散站
宣布我们想要的未来
表达我们对于未来的最大期望

报告陈述将于_____点开始

目的：准备并呈现你所在小组的相关建议，即如何通过增强员工的自豪感和扩大参与度来提高工作效率并提升产能。

自我管理：选择一位问题研讨领导人、记录员、时间管理员和报告人。

1. 通过介绍下面的内容来讨论并确定你所在小组的目标与行动计划。在报告陈述开始前的休息阶段，你可以将你的工作内容转化成一组幻灯片，以便于讲解和展示。

在你的报告陈述中需要突出和包含的一些要点：

○ 你所在小组形成的一些机会领域的名称，以及小组成员的姓名

○ 你为期三年的抱负陈述

○ 你的一年目标与行动计划

○ 期待的结果：
- 这一建议对于提升产能将会发挥什么作用呢？
- 你期待的特殊影响是什么呢？
- 我们又如何测量这一影响呢？

○ 建立承诺：

- 谁受承诺的影响最大?
- 峰会之后,能用什么办法将他们召集起来呢?
○ 维持动力
- 为实施我们的计划,需要一些什么样的支持呢?
- 为了尽快行动起来,我们(这个团队)马上可以做些什么呢?

 ## 陶斯研究院出版集团简介

  陶斯研究院是一家非营利性机构，致力于发展和践行造福世界的社会建构论。建构主义理论和实践将人与人之间相互沟通的过程视为意义、价值和行动产生的根源，聚焦于关系的过程及结果为人类带来的福祉。陶斯研究院出版集团致力于出版社会建构领域最新的理论和实践读物。这些书针对的读者群为社会建构论的研究者、相关从业者、学生以及其他对该领域感兴趣的人。"焦点系列丛书"（Focus Book Series）向人们阐释和介绍社会建构论的含义、重要概念和实用案例，而"专业系列丛书"（Books for Professional Series）则提供更有深度的研究，重点关注社会建构论研究和实践领域的最新发展。这两套丛书对个体、家庭、组织、社区、社会变革等相关领域的社会科学家及从业者，都具有重要的阅读价值。

肯尼思·J. 格根

陶斯研究院董事会主席

陶斯研究院董事会成员

贺琳·安德森(Harlene Anderson)

戴维·L.库珀里德(David L. Cooperrider)

罗伯特·科特(Robert Cottor)

肯尼思·J.格根(Kenneth J. Gergen)

玛丽·格根(Mary Gergen)

希拉·麦克纳米(Sheila McNamee)

黛安娜·惠特尼(Diana Whitney)

陶斯研究院出版集团编辑

贺琳·安德森(Harlene Anderson)

简·加洛韦·赛林(Jane Galloway Seiling)

杰姬·斯塔夫罗斯(Jackie Stavros)

执行董事

唐·多尔(Dawn Dole)

了解陶斯研究院的更多信息,请访问:www.taosinstitute.net